TEIKYO NAGAOKA FOOT BALL CLUB

TEIKYO NAGAOKA FOOT BALL CLUB

Rooting football culture
in the town of Nagaoka
Someday I want to create a team
like Athletic Bilbao.

まえがき

継続は力なり

　この本を通じて、皆さんにまずお伝えしたいのは、挑戦を継続することの大切さです。縁もゆかりもなく、何も知らなかった長岡という町へ来たのは、1996年のこと。25年が経ち、私の人生の中で、最も長く住んでいる場所になりました。ここへ来てから出会った様々な人との縁によって挑戦を続けることができています。

　元々は、サッカーの指導を長く続けるつもりではありませんでした。恩師である古沼貞雄先生を超えたいという思いはありましたが、全国大会9度優勝（東京の帝京高校サッカー部を率いてインターハイ3回、高校選手権6回）の記録には到底追いつけないと思ったので「早く日本一になって、サッカーを辞めて、別の競技でも日本一になろう。2つの競技で日本一の指導者というのは、いないだろう」などと考えていました。随分と浅はかな考えだったと思います（当時の軽薄な考えについては、後ほどまたお伝えします）。

まだ一度も全国優勝を果たせていません。しかし、頂点に立っていないにも関わらず、この仕事を辞めようとしたこともあります。本校サッカー部が初めて注目されたのは、小塚和季（川崎フロンターレ）が3年生だった2012年度の第91回全国高校選手権で初めて全国ベスト8になったときですが、その直後に、私は学校の運営サイドと対立してしまいました。41歳の厄年を迎えた2013年のことで、同期の指導者も各地で壁にぶつかったり、めぐり合わせが悪くなってチームを辞めたりしていました。この話も後ほど詳しく記しますが、私はグラウンドで校長先生と口論をしたり、遠征出発直前にサッカー部の顧問を外れるように言い渡されたり、辞表を提出したりと、このチームを離れようとしていました。

当時は私も若く「やっていられるか、辞めてやる!」などと言っていましたし、実際に、監督を辞めてコーチという立場にもなりました。

しかし、いろいろな方の協力でチームに留まり、学校に残ることができました。また、学校とも和解して、今は再び協力を得られています。このときの経験があり、今となっては、このチームが大好きだという気持ちでいっぱいです。サッカーの指導者として才能のない私ですが、人に恵まれる才能だけは持っているのかもしれないと思うようになりました。

人生は、一度きり。いろいろなことにトライした方が良いという考え方も存在します。ただ、結果的には、一つの努力を継続できたケースの方が、手応えは大きいですし、楽しいと思います。「継続は力なり」どころか「継続こそが結果」とさえ思います。辞めることを真剣に考えた時期があるからこそ、今では、死ぬまで辞めたくないという気持ちです。

昔とは違って、最近の選手は、あまり、途中で部活動を辞めたいとは言って来ませんが、私は、選手の入学時に「途中で何があっても、3年間トータルで考えてほしい」と伝えています。途中で苦しいことや辛いこともきっとあります。でも、それは継続した先で学び得るものの糧です。3年間続け

*Rooting football culture
in the town of Nagaoka

た結果、もしも選手が「やっぱり途中で辞めれば良かった」と思うようなら、訴えられても仕方がないというくらいに思っていますが、必ず継続によって得られるものがあります。だから「3年間を終えたときに、ここでやっと良かった、乗り越えて良かったと思える場所だから、そこだけは信じてやってほしい」と言い続けています。

私自身も、先ほど記したように、最初は長く続けるつもりのなかった挑戦でしたし、途中で辞めることも考えましたが、今は、この土地で最後までやり遂げたいと思っています。また、辞めるかどうかの騒動の際に、本当に多くの方が協力してくださり、このチームを大事に思ってくれていることを知りました。そのときに、自分一人で最後までやらなくても大丈夫なのだと思うようになり、ものすごく気が楽になりました。

帝京長岡高校で日本一になる、長岡という町にサッカーの文化を根付かせる、ゆくゆくは、Jリーグのチームを長岡に作りたい……そんなプランもないわけではありません。これを自分が一人でやり遂げようとすると、いろいろなものを急がなくてはいけません。しかし、このチームの強化や進化、町としての発展に共感してくれる人たちが集まってきてくれているのであれば、私がすべてを最後までやらなくても、生きているうちに達成されなくても、土台を作って引き継いでいける形にしていけば、目的に向かって進み続けられます。

この思いが受け継がれ、欧州のように100年、200年の歴史の中で、達成されるもの、育っていくものもきっとあります。ですから、このチームがなくならなければ、そういうことにつながっていくはずです。私は、皆さんの協力、共感のおかげで、時間の制約から解放されて、しっかりと着実に挑戦が継続されるための方法を考え、選んでいけるようになったと感じています。この本では、過去の過ちや、そうした経験から学んだことを、チームや選手の話を中心に振り返り、今、このチームがどのように進んでいるのかをお伝えできればと思います。

TEIKYO
クリーン工房
Fuji Xerox

Rooting football culture
in the town of Nagaoka
Someday I want to create a team
like Athletic Bilbao.

CHAPTER 3

新スタイルの申し子、小塚と全国8強へ

CHAPTER 4

5カ年計画で再出発

CHAPTER

5

全国4強の谷内田世代は黄金世代にあらず

CHAPTER

6

JリーガーOBとの思い出

Rooting football culture
in the town of Nagaoka
Someday I want to create a team
like Athletic Bilbao.

CHAPTER 7
選手が育つ環境の作り方

CHAPTER 8
アスレティック・ビルバオのように

CHAPTER 9
ボールを大事に 西田勝彦

長岡 JYFC 代表
帝京長岡高校サッカー部ヘッドコーチ

CHAPTER
10
帝京長岡の伝統継承
古沢徹
帝京長岡高校サッカー部監督

構成：平野貴也
本文写真：井上スタジオ
帝京長岡高等学校
平野貴也
装幀・本文組版：布村英明
編集：柴田洋史（竹書房）

Rooting football culture
in the town of Nagaoka
Someday I want to create a team
like Athletic Bilbao.

ボールを大事に 心美しく勝つ 帝京長岡スタイル

「伝統のパスサッカー」
の紀元前

CHAPTER

1

The important thing is to keep trying.

教員には、絶対になりたくなかった

最初に、本校でサッカーの指導を始める前の話を少し綴ります。私は、教員という仕事を絶対にやりたくありませんでした。偉い人間など存在しないはずなのに、警察官と先生と呼ばれる人たちは偉そうだと、若い頃に思っていたからです。「先生と呼ばれる人間にはなりたくない。医者と弁護士にはなれないが、警察官と教員にはならない」と言っていました。そんな私が教員免許を取得したのは、私立大学に行かせてくれた親への恩返しのつもりでした。形だけでも免許を取っておけば、親は安心するだろうと思ったのです。母校である東京の帝京高校に教育実習に行ったときも、まだ教員になるつもりはありませんでした。

教育実習では、サッカー部のコーチだった松原忍先生のクラスが担当で、生徒は、ほとんどがサッカー部の子でした。依田光正(現・ガンバ大阪コーチ)や丸山竜平(現・FC町田ゼルビアスカウト担当)、松波正信(現・ガンバ大阪強化アカデミー部長)の弟の松波和幸らがいた本当に良いクラスで、彼らにさようならを告げる一瞬だけ「教員という職業もまんざら悪くないものだな」と感じましたが、それでも教員になりたいとは思いませんでした。

そもそも、大阪体育大学に進んだのも、サボりたいという気持ちで決めたようなものでした。私が高校3年生のときは、スポーツ推薦の評価となるインターハイでベスト8止まり。私は途中出場しか実績がなく、レベルの高い関東大学1部リーグには行けませんでした。関東の2部に行くなら、出身地である関西の1部が良いと思い、立派な学歴にもなる同志社大学か立命館大学に行きたいですと古沼先生に言いました。しかし「うん？ ユース代表に入ったらね」と軽くあしらわれ、数日後には「大阪商業大学にお世話になりなさい」と言われました。当時の大商大は、多くのプロ選手を育てたことで知られる上田亮三郎先生が監督をされていた時代です。とても強かったのですが、「4時間前グラセン」（4時間前グラウンド整備）という言葉が知られているほど厳しいことでも有名でした。そこで私は怯え、練習が2時間と短く、上下関係も厳しくないと聞いていた大阪体育大学に希望を変えて、推薦していただけるようにお願いしたのです。

サッカーは好きでしたから、大学卒業時も、まだプレーを続けたいと考えていました。しかし、プロの世界でやっていくには実力が足りず、社員として働きながらプレーできる実業団のチームを探しました。一つの候補が、当時はプロ化しない方針を打ち出していたNTT関東（後の大宮アルディージャ）。帝京高校の先輩で、後に日本女子代表のなでしこジャパンを率いてワールドカップ優勝に導く佐々木則夫さんがフロントにいて、採用してもらえるかどうか保留になっていました。そこで、ほかの選択肢としてJFLの福島FCというチームにコンタクトを取り、練習参加が決まっていました。

一方、その頃、帝京長岡高校(以下、本校)は「帝京と名が付く学校であるからには、野球部とサッカー部を強化したい」という方針を打ち出し、東京の帝京高校で実績がある野球部の前田三夫監督、サッカー部の古沼貞雄監督に、両部活動の監督候補者を探してくれるように打診していました。それで、私が大学4年生のときに、大阪体育大の坂本康博監督(当時)から「古沼先生が指導者を探しているから、行ってみないか」と言われました(私が何番目の候補者であったかは定かではありませんが)。

私は、実業団チームのセレクションが終わってから考えさせてほしいと答えたのですが、「こんなに良い話を断るつもりか!」と怒られてしまいました。

それで、まずは古沼先生に電話をして話を聞くことにしました。すると「体育の教員は、枠が埋まっている。国語か社会で臨時免許を取ってほしいそうだ」と言われました。教育実習の直後だったので、高校サッカーの指導も悪くないかもしれないとは考えましたが、元々教員にはなりたくないという思いがあったので「体育大学を卒業したのに、国語や社会の教員になるのは、腑に落ちません。大変ありがたいお話ですが、今回は遠慮させていただきます」とお断りしました。しかし、翌日にすぐ古沼先生から連絡があり「体育でも大丈夫みたいだよ」と言われ、断る理由を消されてしまいました。

この話を大阪体育大の坂本先生に伝えると「当然、話を受けるだろう?」と言われ、私は観念し、教員という仕事に就く決断をしました。私は、年間出生数が200万人を超えた第2次ベビーブームの1973年生まれです。就職競争率が高く、同期の教員志望者がなかなか採用試験を突破できない中、卒業延期状態にあって教員にはなりたくないと言っていた私がなぜか採用されるという不思議な現象でした。

大きな勘違い!「長岡」は京都じゃなかった

大学の卒業を控えていた私が、初めて長岡へ来たのは、1996年のことです。もう25年前で、今の在校生たちは、まだ生まれていません。ちなみに、この年の5月に2002年のワールドカップ日韓共催が決まり、12月には新潟県での試合開催も決まりました。後ほど別の項で記しますが、このときに尽力なされた当時の新潟県サッカー協会理事の沢村哲郎先生(享年72歳)には、大変お世話になりました。

さて、私が初めて長岡へ来たときの話に戻ります。教員になることで腹をくくった私は、古沼先生から「まず、一度長岡に面接に行ってきなさい。その前に学校に寄りなさい」と言われました。私は大阪生まれで、当時は大阪体育大の学生です。関西で「長岡」と言えば、京都府長岡京市。それ以外は思い浮かびませんでした。「長岡京に帝京グループの学校なんかあったかな……。そもそも、大阪から京都に行くのに、なぜ東京の帝京高校に寄らなければいけないのか」と不思議に思いながら、スーツを着て、ツルツルの革底のローファーを履いて東京へ向かいました。すると、古沼先生が「上越新幹線に乗って行けば、2時間もかからない」と言い、初めて北信越方面だと知りました。恥ずかしながら、私は新潟県に長岡市という町があることを、まったく知らなかったのです。

大学卒業前の冬。国から特別豪雪地帯に指定されている長岡市は、当然のように雪で覆われ、寒さに包まれていました。1メートル以上の積雪を記録することも珍しくない地域であるということも、もちろん知らず、驚きました。深く積もった雪を踏むと、抵抗なく新雪の表面が凹み、踏み締めたところから足を抜こうとすると滑ります。学校まではタクシーで向かいましたが、私がどれだけ場違いな格好だったか、分かっていただけるでしょうか。

その日、大雪で学校は休校。グラウンドは真っ白。積もった雪でまったく見えませんでした。「こんな場所で、サッカーできるのか……?」と不安に思ったことは、今でもよく覚えています。

指導者になった当時の浅はかな野心

先に記したように、教員になったばかりの私は、とんでもなく浅はかなことを考えていました。まだ若く、エネルギーが有り余っていて、何をするにも「勝ちたい」の一心でした。

教員になってサッカー指導者となることを決心した私は、まず、大阪に住んでいた中学時代に地区選抜で一緒にプレーした平岡直起（ガンバ大阪、名古屋グランパス、清水エスパルスなどでプレー）に負けたくないと考えました。彼は、私の地元である堺市立の庭代台中学校から大阪の初芝高校に進学。全国大会に出場しました。一緒に大阪体育大学に行こうと話していたのですが、彼は松下電器（現・ガンバ大阪）から声がかかり、プロの道に進みました。私が行けなかったプロの道に進んだ平岡に負けたくない。そんな対抗心を抱き、40歳になる頃には自分の方が立派になっていようなどと考えました。本当は30歳と言いたかったのですが、30才ならまだ平岡がプレーしているかもしれないので、40歳ならさすがに引退しているはずだ、という軽薄な考えです（笑）。

最年少優勝監督というのも意識しました。市立船橋高校（千葉）を強豪に押し上げた布啓一郎監督は、日本体育大学を卒業してすぐに赴任して4年目でインターハイを優勝。5年目には冬の高校選手権でも決勝戦に進み、国立競技場で指揮を執っていました。とてつもない早さで日本の頂上決戦に加わったのです。日本でトップクラスのチームの監督は、若いと言っても30代です。私も布さんのように20代で国立競技場（当時、全国大会の準決勝、決勝を行った舞台）に行きたいと思いましたが、5年をかけて新潟県を勝つのが精一杯。遠く及びませんでした。

元々、教員という職業に憧れていなかったこともあり、長く続けるつもりもありませんでした。この本の冒頭で記したように、恩師である古沼先生の全国大会9度優勝(東京の帝京高校サッカー部を率いて高校総体3回、高校選手権6回の優勝を誇る)にも到底追いつけないと思っていたので「早く日本一になって、サッカーを辞めて、別の競技でも日本一になろう。2つの競技で日本一の指導者というのはいないだろう」とも考えていました。とにかく勝ちたい。そんなことばかり考えていた私は、いろいろな失敗をしながら、学んでいくことになりました。

中学時代の指導者疑似体験

大学を卒業する直前まで、指導者になるイメージは持っていませんでした。しかし、初めて指導をしたときに、違和感はありませんでした。練習メニューを考えて、指示を出す経験を中学生の時にしていたからです。

中学生の頃は、地元の堺市にある学校に通っていましたが、地区予選を勝ち上がって大阪府大会に出場しても1回戦で負ける、弱いチームでした。私は、同級生の中では体が大きくて強く、足も速かったので、南大阪地域の選抜に選ばれていました。完全に「お山の大将」でしたが、同級生の中では先頭に立ってやることが多く、サッカー部に指導者がいなかったため、自分で指導書を読んでノートに書き、このメニューをやってみようぜと仲間に声をかけてやっていたのです。5対5の練習のときは誰がどのポジションをやるとか、意外と細かく考えてやっていた覚えがあります。

まさか自分が指導者になるなどと思っていなかったので、当時のノートはもうないのですが、指導者になってから、あのときのノートを読みたいと思ったことは何度もあります。

指導開始とともに部員は50人から3人へ

私が教員になった当時、本校サッカー部は、佐藤健一郎先生が監督を務めていました。競技の経験がない方でしたが、勉強をして審判の資格を取って、新潟県サッカー協会の審判委員長を務められたほど熱心な方でした。

佐藤先生にどれだけ支えられていたのかは、後ほど詳しく記しますが「全国高校サッカー選手権を優勝した帝京高校のメンバーだった人が新たに指導者として来るから、これから強くなるから」と地元で骨のありそうな選手を見つけては声をかけて集めてくれていました。新入生が20人程度。上級生も合わせると、40~50人の部員がいました。今になって思えば、3年生も2年生も、県内では決して悪くないレベルの能力を持っていましたし、1年生も、かなり頑張って集めてくださったと分かります。しかし、当時の私は未熟で、選手を集める苦労も知らなければ、このありがたい人数を生かすこともできませんでした。

佐藤先生が監督で、私はコーチです。しかし、佐藤先生が最初の合宿だけ見守ってくださいましたが、グラウンドでの指導はすべて私が任されました。当時の私は血気盛んで、すぐに「やる気がないなら、辞めてしまえ!」などと言っていました。当時は時代的に当たり前でしたが、理不尽な指導が横行していました。決して良い指導だと思っていなかったのですが、それしか知らないので、最初は見よう見まねで厳しく指導するしかありませんでした。しかし、3年生や2年生は、私のような指導者が来ることを知らずに入部した選手ですし、急に全国優勝を狙うなどと言われ、走ったり、ぶつかったりというようなトレーニングばかりで、苦しかったと思います。

私の指導が始まって間もなく、2年生が「こんなやつとやっていられない」と反発し、練習に出てこなくなりました。当時の3年生は、夏のインターハイが最後で、その後は受験勉強など進路関係に時間をあてるのが通例でした。自分たちの最後の大会が近いこともあり、3年生は何とか我慢してグラウンドに来ていましたが、ほどなく練習に来なくなりました。最終的に、3年生は「最後の大会だけは、自分たちにやらせてほしい」と言ってきましたが、私は頑固でした。チームを出て行った選手を教えることはできないので、フィールドの半面を彼らに譲って、自分たちで練習をして試合に出なさいという形にしました。3年生はインターハイで引退。2年生は辞めたまま。1年生も少しずつ人数が減って11人だけが残りました。

ルール上、7人いれば公式戦に出場できますが、子どもたちは「これ以上辞めたら、みんなが試合に出られなくなる」という思いがあったようで、辞めそびれた子たちが残っているような感じでした。一番少ないときは、3人しかグラウンドに出てこなくなり、人数が足りないので、私の幼馴染を呼んで一緒にボールを蹴ったこともありました。ただ、ありがたいことに、彼らはそれでもこのチームとの付き合いを持っていてくれて、現在、OB会の会長をやってくれているのは、この世代の子です。

現在と真逆のサッカーでスタート

この頃は、次の年の新入生が入ってくると上級生が辞めるという流れが続きました。もしかすると「帝京長岡は、技術指導が主なチーム」というイメージを持っている読者の方がいるかもしれませんが、当時の私の指導は、現在のチームの基礎となっているボール扱いをベースとした「止める、蹴る」ではなく、人もボールもとにかく前方のスペースに「走る、蹴る」というまったく対照的なサッカーでした。

理由は、当時の新潟県のサッカーを見ていて、ボディコンタクトやスライディングなどが極端に少なく、球際の争いにやたらと弱い印象を持ったからです。ヘディングも極端に下手だと感じていました。ですから、まずは、その課題を克服するだけでも、県内で上位に食い込めるのではないかと考えていました。もちろん、ドリブルやキックのトレーニングもやらなかったわけではないのですが、走る、ぶつかるというメニューがほとんどだったというのが実情です。

近年、本校サッカー部のプレースタイルについて、メディアの方に「伝統のパスサッカー」と表現していただくことがありますが、当時の選手は「そんなのやったことないぞ、何の話だ。オレたち、伝統に入っていないのか……」と思っているのではないかと思います。私が長岡に来てからの数年は、新潟県でベスト8がやっと。選手の人数を揃えるのもままならず、ひたすらボールを前に蹴って走るチームスタイルだったのです。

長岡の常識を覆した「グラウンドの除雪」

長岡へ来て指導を始めてから、今も続いているのが、雪との戦いです。新潟県自体が雪の多い地域ではありますが、長岡市は、国から特別豪雪地帯に指定されていて、新潟市内から来た子どもたちも、雪の量に驚きます。

本校のグラウンドには、シューティングボードがあり、3段に分かれて数字が振ってあるのですが、降雪の時期になると、2段目までは雪に埋もれて見えなくなります。それでも、雪が降ったら、除雪してサッカーをやります。

しかし、私のように、よその地域から来た人間は、雪かきをすると言っても不思議に思わないのですが、長岡に生まれ育った人たちは、どれだけ積もり、どんな光景になるかを知っているので「なんで、雪かきをするの?」という感覚が一般的でした。

実際にやってみて分かったのですが、雪かきをしたところと、しなかったところは、最初は段差があります。しかし、次の日の朝になれば、どこが境目か分からないくらいに積もっているので、もはや前日の雪かきの意味は見出せません。ですから、雪かきは、せいぜい家の出入口付近をやるものであり、運動する場所を確保するためにやるという習慣はなく「降雪時期は屋内で活動するべき」というのが常識のようでした。

本校サッカー部は、朝練習だけ体育館で行っています。運動部に注力している高校は、体育館が2階建てだったり、いくつか建物があったりするところも多いのですが、本校は、元々は中学校だった施設を使っているという経緯もあり、体育館は一つしかありません。

特に本校では、女子バレーボール部が昔から強く(「春高バレー」で知られる全日本バレーボール高校選手権で8回、インターハイで9回、全国大会に出場)、近年は、男子バスケットボール部も全国大会で活躍しています（21年のインターハイで全国大会準優勝）。ほかに男子バレーボール部、女子バスケットボール部やバドミントン部もあるので、それぞれの部活動が2日に1回は外部の施設を借りたりして、体育館を譲り合って使っています。そこに屋外競技のサッカーが割り込むというのは、気が引けました。結果的に、朝だけ使わせてくださいとお願いすることになりましたが、授業後はあくまでもグラウンドで活動するというのが、基本的なスタイルです。

鉄製のスノーダンプを購入

グラウンドの雪対策は、いろいろとやりました。最初は、雪が降る前にブルーシートを広げ、それごと移動させようとしたのですが、素人の甘い考えでした。雪が重く、とても動かせたものではありませんでした。

長岡では、雪が降ると、その上に灰を撒くという習慣があります。陽が出たときに灰が日光を受けて熱を持ち、積もった雪の表面が溶けやすくなるというのです。しかし、溶けるのを待ってもいられません。水を撒き続ける案もありましたが、学校の水道を夜通し出すわけにもいきません。スタジアムのようにピッチに散水システムが埋まっていれば良いかもしれませんが、

もちろん、そんな設備はありません。結局、人力で除雪するのが、最も手早いというところに落ち着きました。

高校サッカーファンの方であれば、1997年度の第76回全国高校サッカー選手権の決勝戦「東福岡（福岡）×帝京（東京）」を覚えていると思います。私の母校である帝京は敗れてしまいましたが、後の日本代表選手である中田浩二たちが出場していました。大雪の中で行われ、白いボールが見えにくく、黄と黒でカラーリングしたボールが使われた一戦です。あの試合では、ハーフタイムに地元の高校生がプラスチックのスノーダンプでタッチライン間を往復して、除雪をする姿がありました。私の中でも「グラウンドの雪かき」と言えば、あのイメージでした。

それでスノーダンプを購入したのですが、長岡では、2メートル、いや1メートル進めば、もう雪は山盛りです。それ以上走っても、雪を隣のコースに押しやるだけで除雪になりません。雪を「どかす」のではなく「引っこ抜いて、ほかの場所に運ぶ」必要があります。そうすると、雪を運んだ場所が雪山になり、最後は「山を登って捨てる」作業になって、より大変になります。

こうした作業は、スノーダンプにしても、スコップにしても、プラスチックでは太刀打ちできません。鉄製の物は安くないのですが、人数分用意するくらいでなければ、練習時間を取れません。学校に願い書を出したところ「なんで、サッカーをするのに鉄のスノーダンプがそんなに必要なんだ」と呆れられたのを覚えています。

伝統の除雪トレーニング

どうにか除雪用の用具をそろえてもらいましたが、部員が少ない頃は、雪かきを2時間やって、ペナルティーエリアだけは確保して、その中で1時間半トレーニングをやるという程度でした。トレーニングより、雪かきの方が時間が長かったくらいです。しかも、ボールを蹴っているうちに、また降り積もって、途中で「今日は、これで終わろう」ということもありました。部員が増えてからも、せいぜいペナルティーエリア2つ分、良くてピッチ半面くらいしか練習前の時間で雪をどかすことはできません。

降ったその日に雪かきをできれば効率が良いのですが、ペナルティーエリアの外側で1日経って凍った雪は、厄介です。スコップで切り出し、スノーダンプに乗せて運ぶといった感じで2人で1セットの作業です。人数も時間もかかるので、これはトレーニングにしてしまおうということで、スノーダンプの運びは「走り」で行います。鉄製のスノーダンプが壊れることもありますし、かなりの労力を要します。きついトレーニングだと思いますが、ＯＢである若いスタッフは「自分たちもやらされていました」という感じで容赦がなく、厳しい視線を注いでいます。彼らは一体、誰にやらされたのでしょうか……。そんなトレーニングのおかげなのか、長岡の降雪自体が以前より少なくなったのか、除雪の効率は年々、上がっています。

雪かきについては、青森山田高校（青森）の黒田剛監督が大阪体育大学の先輩なので、どのようにやっているのかお聞きしたこともありましたが、当時は「踏み固めて、その上でやるか、重機を入れるか」と仰っていました。重機を入れると楽なのですが、人工芝が傷みやすいというデメリットもあります。

現在、本校の女子サッカー部は、雪を砕いて飛ばす除雪機をグラウンドに持ち込み、ある程度の雪をどかしてから、スノーダンプを使っていますが、この除雪機も薄く雪の層が残るように調整しないと、人工芝を削ってしまうので注意が必要です。

除雪機は、１台で何百万円もします。元々、生徒および来校者のために、正門前を整備するために学校が購入したものです。私たちも、グラウンドで使っていた時期があるのですが、使っているうちに壊れてしまい「何のために買ったと思っているのか」とお叱りを受けました。

女子だけで雪かきを行うのは大変で、機械はあった方が助かると思いますが、機械だけでは

1時間経ってもペナルティーエリアを空けることができませんので、男子はマンパワーで立ち向かっています。

1人の生徒が卒業するまでに迎える「雪かきの時期」は、2回。3年生は、卒業間近の冬は、プレーに集中できるように雪かきは免除しています。1年生には、楽しそうに初めての雪かきをする子もいます。たった2回ですから、長岡に来た証として経験するのも悪くないのではないかと思います。また、雪かきの時間もトレーニングに結びつける発想は、大事だと思っています。雪が降るからほかの地域より大変だと言い訳を考えているようでは、強くなれません。ほかの地域にも、私が知らない苦労があるはずです。選手にも「なかなか難しいけど、ポジティブに捉えよう」と話しています。沖縄のチームが、やろうと思ってもできない除雪トレーニングができるのだと前向きに捉えるべきだと考えています。

谷口流×西田流で生まれた帝京長岡スタイル

CHAPTER

2

The important thing is to keep trying.

「長岡」が「新潟」の壁を破った伏線

本校サッカー部が、初めて新潟県大会を優勝して全国大会に出場したのは、２０００年度の第79回全国高校選手権です。私が長岡で指導を始めて5年目、監督に就任して1年目でした。

実は、この成績には、２つの伏線がありました。１つは、この年の3年生の背景です。１９９７年、中学生の日本一を決める「高円宮杯全日本ユース（U－15）サッカー選手権大会」の新潟県大会で波乱が起きました。長岡市の東北中学校が、準決勝、決勝と立て続けにＰＫ戦を制して優勝したのです。このチームの主力が5人くらい、本校に進学してくれました。彼らの実力、というよりも、新潟県で1番になったという経験と自信が、とても重要でした。

当時、長岡の子どもたちは、人口の多い新潟市に対して劣等感を持っていました。新潟市から長岡市のチームへ移ると、まるで都落ちのような扱いでした。練習参加でも、新潟市から来る選手は「長岡なんか」とちょっと偉そうな佇まいでしたし、試合になると、長岡の子たちは「新潟市のチームに勝てるわけがない」という雰囲気で劣等感を漂わせていました。

しかし、私は「長岡」と言われて、京都府長岡京市だと思い込んでいるような人間でしたので、「どうして、そんなに自信がないの？　長岡も新潟も変わらないだろう（オレは、どっちもよく知らないし……）」と思っていました。

そこへ、中学時代に新潟県で優勝した子たちが入って来てくれたのです。彼らは勝ったことがあるという経験から新潟市のチームや選手に対する劣等感がなく、自分たちは勝てるというメンタリティーを持っていました。だから、当時の県内の強豪である新潟工業を準々決勝で、新潟江南高校を準決勝で、そして東京学館新潟高校を決勝で破ることができたように思います。

ちなみに、長岡の子どもが他地域に行くと劣等感を抱く現象は、その後も県外遠征でよく見ました。しかし、後ほど紹介する中学生年代の長岡ＪＹＦＣというチームができて、成績が出るようになってからは、状況が逆転していきました。近年の本校の1年生の練習を見ていると、県外から入って来た子たちが最初は「助っ人」のような雰囲気を醸し出すのですが、長岡ＪＹＦＣから上がってきた子たちの技術に驚き、互いにプライドをぶつけたり、認め合ったりするようになるという光景が見られます。今では、長岡出身の子どもたちが、全国のどこへ行っても堂々とプレーするようになりました。

それから、全国初出場の背景にはもう一つ、この年の2年生が、初めて特待生制度を用いた世代だったこともあります。その中の1人、関光太というＧＫは、卒業後に私の母校でもある大阪体育大学を経て、２００６年当時、北信越リーグ1部を戦っていたツエーゲン金沢に進みました。本当に少しずつですが、本校を進路に選ぶ選手たちのレベルや姿勢が変わってきていました。ちなみに、全国大会は、初戦で星稜高校(石川)にPK戦で敗れたのですが、彼らが全国大会まで勝ち進んだことで、現在のチームへと変化するきっかけを与えてくれました。彼らが出場した全国大会の直前に強化合宿を手伝いに来てくれた帝京高校時代の同期である親友の西田勝彦が、翌年からコーチとして長岡へ来ることを決断してくれたのです。

初の全国は「余り物に福」の2回戦スタート

そう言えば、初めての全国大会には、思い出があります。全国大会と言えば、まず注目されるのは、組み合わせ抽選会です。初戦の相手はどこか、強豪チームは近いブロックに入るか、高校サッカーファンもチーム関係者もドキドキ、ワクワクするものです。しかし、私たちは、それを味わうことができませんでした。

抽選会には、抽選順を決める予備抽選というものがあります。あろうことか、初出場だった本校の主将、金内貴志が「49番」を引いてしまったのです。つまり、全部が決まった後で残った枠に入るだけ。何も選ぶことができない抽選になったのです。二度と全国大会に出られないかもしれないのに、抽選会の楽しみを味わえないのかとガッカリしました。

ところで「49番」と聞いて、違和感を覚える方がいるかもしれません。21年現在、全国大会の出場校は48チームです。都道府県から1チーム（学校数の多い東京都のみ2チーム）が出場します。しかし、本校が初めて出場した２０００年度の第79回大会は、前年優勝の推薦出場枠を設けたため、49チームで行われました。結果的に推薦で県予選を免除された市立船橋が2回戦で敗退し、予選免除によって調整不足が起きるという話になり、この制度は翌年に廃止されました。

トーナメントの組み方は現在、1回戦からの出場、2回戦からの出場というヤマが存在しますが、49という奇数で行われた大会は、1つだけ「小さなヤマの上に、のしかかる1枠」が存在しました。初戦同士の対戦ではなく、いきなり2回戦で、1回戦の勝者と当たる枠です。私たちは最後なので、他校が次々に枠に収まっていくのを眺めるだけの抽選会でしたが、その1枠だけがずっと埋まりませんでした。結局、いきなり1月2日の2回戦スタートで、相手は連戦という、最も有利な枠に私たちが入りました。抽選をできずに不幸だったのか、それとも抽選をしなかったから良い枠に恵まれて幸運だったのか、よく分からない心境でした。

北信越大会を経験せずに全国へ

抽選が終わり、私たちは2回戦スタートに決まりましたが、1回戦が終わるまで相手が分からないので、どうやって準備をすれば良いかと思いました。全国初出場で経験不足の私たちにとっては、難しいものだらけです。何しろ、本校サッカー部は、北信越大会さえ経験したことがありませんでした。

当時、北信越大会に出るためには、インターハイ予選で県大会で決勝戦まで進まなければいけなかったのですが、私たちはその年の夏にようやくベスト4に入ったのが最高成績。ですから、初めての全国大会で、どんな地域のどんな相手と対戦できるかというのは、楽しみにしているところでした。

ところが、初戦の相手となったのは、高松商業高校(香川)を破った星稜でした。テクニシャンの新田亮介、ストライカーの田中俊也、ほかにも作田晃一ら力のある選手が多くいる良い相手と戦えたことは光栄でした。相手が下級生中心だったために対抗できた部分もあり、残り7分まで2点リードしていたのですが、追いつかれてＰＫ戦でサドンデスに突入して負けてしまいました。

結局、全国に行っても北信越勢対決しか経験できず。何か全国大会らしさをあまり味わえずに大会が終わってしまいました。ちなみに、私はこの後、２０１６年度までに全国高校選手権に5回出場して4回もＰＫ戦で負けることになります……。

Rooting football culture in the town of Nagaoka Someday I want to create a team like Athletic Bilbao.

前任者・佐藤先生の支え

　この本を書くことになって、昔のことをいろいろと思い出していますが、本当に若い頃は、ただただ必死で、何も知らず、多くの人に助けてもらっていることさえ分かっていなかったと恥ずかしい気持ちになります。何も言わずに見守り、手助けしてくださった方たちのおかげで、一心不乱に自分の思う道を真っ直ぐ突き進んで来ることができました。特に、長岡に来て間もない頃は、当時の顧問だった佐藤健一郎先生に本当にお世話になりました。

　私が最初に住んだアパートの手配をしてくれましたし、最初は車もなかったので、佐藤先生に借りていました。まだ大学を卒業したばかりでエネルギーの余っていた私は、選手に厳しく接していましたが、私の知らないところで、佐藤先生が選手に寄り添ってケアをしてくださっていました。

　保護者の方からクレームが来たときも、佐藤先生が矢面に立ってくださり、私はクレームの存在さえ知らないときがありました。保護者の不満が爆発して、説明会を設けることになり「あなたは、子どもを育てたことがないから、そんなことが言えるんです！」と言われたこともありましたが、佐藤先生は「横にいればいい。何も言わなくていいから」と付き添って、ご自身で保護者の説得にあたってくれました。

今でこそ、遠征時の出張届けや会計報告など、部活動の様々な報告書の手続きにも関わっていますが、当時の私は「オレの仕事は、サッカーの指導だ！」とグラウンドしか見ておらず、活動に必要な手続きの存在すら知りませんでした。思い付きでコロコロと予定を変えていましたが、それも佐藤先生がすべて手続きをやり直し、保護者への連絡もやってくれていたのだと思うと、頭が上がりません。

サッカー部の指導者として本校で教員になる際、学校を紹介してくれた古沼先生から「すぐに監督をやろうと思うな。コーチとして支えるところから始めなさい。必ず佐藤先生を監督として全国大会に連れて行きなさい。監督をやるのは、その後だ」と言われており、そのつもりでいました。しかし、私が来て4年目に、佐藤先生がご家庭の事情で地元の新潟市へ職場を変えることになり「来年から監督としてやってください」と言われました。佐藤先生が学校を離れた2000年に私が監督に就任し、奇しくもその年に初めて全国高校選手権に出場しました。もう1年いていただければ、古沼先生に言われたことを守れたのにと悔しく思いました。

弱かった頃の選手、支えに感謝

長岡に来て5年目の2000年度に初めて全国大会に出場し、それを見て入学してきた世代が、現在の監督である古沢徹たちでした。もちろん、私も続けて全国大会に挑戦していくつもりでいたのですが、世の中はそんなに甘くありません。次に全国大会に出たのは、古沢たちが卒業した翌年の2004年度でした。この頃は、県内でもなかなか勝てずに苦労しましたし、ハッキリ言って弱かったです。

バスで遠征に行くと、ほかの学校の選手が「あっ、帝京だ！ ん？ 長岡……って何？」と言うのをよく聞きました。まだ弱いのに、私が指導するようになって各地へ遠征に行っては強いチームと対戦してボコボコにやられて負ける。それだけでも選手は嫌なのに、学校が帝京グループというだけで、帝京なのに弱いと嫌なことを言われるわけです。「帝京長岡」と書かれたバスで遠征へ行くのが恥ずかしいと、選手が思ってしまう状況でした。

弱かった時期に恥ずかしい思いをしたのは、選手だけではありません。親善大会に行っても、なかなかAチームで対戦してもらえませんでした。

そんな中、帝京グループのつながりには助けられました。当時、帝京第三高校（山梨）をたき上げで強いチームに育てていた廣瀬龍さん（20年にカンボジア代表監督に就任）には、チームを一から作るモデルとなっていただきました。また、古沼先生と親交がある前橋商業高校（群馬）の奈良知彦先生（現・ザスパ草津社長）は、私たちが本当に弱い時でも、いつもAチームで対戦してくださって、本当にありがたかったです。2000年度に初めて高校選手権の全国大会出場を決めたときも、誰よりも先に連絡をくれました。その恩は決して忘れていません。前橋商業から練習試合の打診を受けたときは、絶対に断りませんし、ベストメンバーでぶつかります。

弱かった時代の苦労は、今、思い出しても辛いです。絶対にあの頃には戻りたくないと思いますし、当時の経験は、今の若い指導スタッフにも伝えるようにしています。あの頃があったから今がある。それを忘れて驕ったら、一瞬で弱くなります。だからこそ、苦しい思いをしてでも、ステージを上げていかないといけません。

近年、全国大会で少し勝つようになり、遠征先でも学校名を知られていることがありますが、選手には「自分が何かしたわけではないのに、鼻を高くするんじゃない。今のチームがあるのは、辛い思いをして頑張った先輩たちのおかげだぞ」とよく言います。

今は、チーム名が知られ、多くの人に見てもらう機会がありますし、信頼いただけている部分もあります。昔はネームバリューがないばかりに、磨けば光るポテンシャルを持っていても、無名チームの選手であるがゆえに、なかなか見てもらえない、評価してもらえないということも多々あり、悔しい思いをしましたが、今は過大評価を受け年代別の日本代表に呼んでもらえる選手も出てきました。非常に恵まれています。

*Rooting football culture
in the town of Nagaoka

グラウンドの歴史①小さなかまぼこ

今は、優れた選手が多く集い、きれいな人工芝グラウンドで練習することができていますが、こうした環境も、先輩たちの努力が認められ、学校をはじめ、多くの関係者の協力を得られて整ったものです。思えば、このグラウンドもいろいろなことがありました。

私が大学卒業前に初めて長岡へ来たときは、まだ土のグラウンドでした。私が来てすぐに人工芝に変えてくれると聞き「さすが帝京グループだ、ありがたい!」と喜んでいたのですが、担当した学校関係者がサッカーをあまり知らなかったようで、テニスコートのような、ツルツルの砂入り人工芝グラウンドが出来上がりました。当然、スパイクを履いてプレーできませんし、スライディングをしたら血だらけになります。現在、監督をしている古沢が高校生の頃の話です。

また、狭さも気になりました。かまぼこ型のペナルティーアークが随分と小さく、おかしいと思って測ってみると、フィールドの大きさ自体がまったく違いました。

実は、現在のグラウンドも縦が100メートル、横が66メートルで正規のピッチには少し足りていないのですが(世界の標準規格は、縦105メートル、横68メートル)、当時は、北側に卒業生の記念植樹による桜が何本もあり、春になると、用水路沿いの道路が花見の散歩道になるほどきれいに咲いていたのですが、この部分がピッチの横幅が狭い要因でした。

そこで、２００６年に２度目の全国高校選手権出場を果たした際（初戦で高知県の明徳義塾高校にＰＫ戦で敗退）、私が帝京高校の生徒だった頃の体育教師である浅川節雄先生が翌年から本校で教頭（現校長）になるということだったので、人工芝をロングパイルに張り替えてもらうことと、当時大学生だった古沢を教員として採用してもらうことの２つをお願いに行きました。ありがたいことに聞き入れてもらい、グラウンドは早い段階でロングパイルに変わりました。

グラウンドの歴史②「桜を切ってごめんなさい」

工事ができるのは、夏休み期間に限ります。記念植樹の桜を伐採してフィールドを広げたのですが、夏休みが明けると、長く在籍されていた職員の方から「なんということをするんだ！　桜はどうなった」と怒られました。

あとで知ったのですが、植物には移植できる時期があるそうです。夏休みにしか工事ができなかったとはいえ、もう少し植物の命のことも考えるべきだったと反省しました。それで、グラウンドのリニューアルを記念して作ったＴシャツには、ポルトガル語で「桜の木を切って

しまってごめんなさい」というメッセージを入れました。その後、人工芝の張り替えを2度行って現在に至っています。

それにしても、今の高校生は恵まれていると思います。私は、東京の帝京高校の出身ですが、90メートル四方のグラウンドを野球部と半分に分けて使っていました。狭いだけでなく、防球ネットをすり抜けた硬球が飛んでくる恐怖もありました。1学年上の森下仁志さん(ガンバ大阪などでプレー。21年は、ガンバ大阪ユース監督)は、練習中に硬球が当たって、あごを複雑骨折しました。ですから、正規のピッチに近い広さのあるグラウンドで練習できるだけでもありがたいものです。

そう言えば、私が高校生の頃は、広いグラウンドに憧れました。練習が厳しい中、狭いグラウンドは、シュートを外しても金網に跳ね返って戻ってきてしまい、全然サボれませんでしたから……。

ちょっと話がそれてしまいましたが、雪が降る、ピッチが狭いといろいろと課題はあるにしても、ボールはあるし、グラウンドもあります。決して劣悪な環境などではありません。負けたときの言い訳に捉えられてしまう可能性もありますし、今は良い環境で活動できていると思っています。多くの協力を得て作られた土台であり、今の選手たちは、先輩たちに感謝してほしいです。

しかし、こうして振り返ってみると、学校関係者には、いろいろとサッカー部の活動に理解を示してもらってきたとあらためて感じます。選手に「周囲に感謝しなさい」と言っている身ではありますが、思えば、若い頃の私は、ろくに感謝をすることもなく、協力してもらえるのが当たり前と捉えてしまっていたところもあったような気がしますし、恥ずかしく思います。

大変革の始まり、親友の西田を招へい

少し話を戻しますが、２０００年度に初めて高校選手権の全国大会に出場できたことは、大きな意味を持ちました。現在、本校サッカー部や中学生以下を対象とする長岡ＪＹＦＣの技術指導をしてくれている西田勝彦を長岡に呼ぶことにつながったからです。

西田は、高校時代からの親友です。大学時代も互いが住む東京、大阪へ泊まりに行く仲でした。監督に就任してからの数年、なかなか県内で勝てずにいた私は、中学生の頃からもっと専門性の高い指導をしなければいけないと感じ始めていて、地元に中学生のチームを作って指導をすることを考えていました。ジュニアユースを立ち上げる際、絶対に西田に指導を頼みたいと考えていました。全員が本校に入るわけではないにせよ、高校の強化にもつながることで、やるからには頂点を目指そうと考えていました。

後ほど詳しく記しますが、私は、彼以上にサッカーの上手さを持っている人を知りませんでした。私が帝京長岡で指導を始めて、たかだか4、5年。ほかに心から信用して頼れる人もいません。それに、直感的に、彼とでなければ長くはやっていけないだろうと思うところもありました。全国大会前の御殿場合宿に手伝いに来てほしいと呼んだところ、西田は、全国大会初出場を祝うお土産を持って来てくれました。

そこで本格的に長岡へ来てほしいと頼みました。当時、西田は本田技研工業に勤める社会人プレーヤーでした。ただ、負傷が続いていて、近いうちに現役を退くつもりだと聞いていましたし、サッカーに携わり続けたい思いがあるのも知っていました。それでも給料が良くて安定した会社を辞めてサッカー指導者になるのは簡単な決断ではありませんが、親友としての直感で、断られることは考えませんでした。同じ頃、彼はほかの地域の高校から監督就任の誘いを受けていたのですが、「持つべきものは友」です。西田は、長岡に来てくれました。

ただ、学校の方針ではなく、私の考えで動いていたので、西田を高校のスタッフとして雇うことはできません。西田が来ると決まってから中学生年代のクラブチームとして長岡ＪＹＦＣを立ち上げましたが、彼の収入源は、月謝のみです。一生懸命に勧誘しましたが、作りたてのクラブチームに来てくれる人数では生活費を賄えず、1年目は朝に牛乳配達のアルバイトをしながら指導にあたってくれました。優良企業を辞めて、長岡に来てほしいと言ったのは私ですが、随分と厳しいオファーをしたものです。

「伝統のパスサッカー」がスタート

当時の新潟の高校サッカーと言えば、新潟工業高校と東京学館新潟の二強。それでも、全国に出れば早期敗退が多く、サッカー後進県のイメージが拭えませんでした。私の母校である東京の帝京高校に練習試合をお願いしても、相手のBチームに負けてしまうのが常。西田も決して良いイメージは持っていなかったと思います。

しかし、彼が長岡ＪＹＦＣで指導した選手を私が高校で預かるようになってから、チーム

西田が指導した選手が入学してくれるようになって「伝統のパスサッカー」がスタートした

の成績は向上していきました。学生時代の西田は、決して勉強が得意というタイプではなかったので、中学生にうまく説明して伝えられるかなという部分は不安でしたが、心配は無用でした。今の選手たちの技術面でベースとなっているのは、私が高校生の時に見た、西田のプレーそのものです。本校や長岡ＪＹＦＣでよく教えている技術の代表的なものに「懐を使う」とか「懐ステップ」と表現しているプレーがあります。前後左右に一歩程度のスペースの中で自在にボールを触る技術です。例えば、パスを受ける際に、左から来たボールを左足で触るふりをして、相手をつり出しておいて、右足で触る。そうすると相手をかわしてフリーでパスを受けられるといったものです。

こうしたプレーが成功するための工夫も細か

く施されていて、ボール方向に足を振り出すだけでも相手をつり出せるとか、右利きの場合、立ち足となる左足のひざの使い方だけでも相手がだまされると言います。

確かに、西田に教わった選手は、相手の足が出て来るかどうかが分かっているようなプレーをします。相手とボールの間に体を入れて、その場でキープするのかと思ったら、アウトサイドターンを仕掛けて相手を一気にかわしてしまうプレーなどを見ると、西田に教えられた選手だなと感じます。

西田は、意図のないバックパスが嫌いで、どうやって前進するかを常に考え、相手が近くにいてもかわして進む方法をよく知っています。近年は、幼少期から長岡ＪＹＦＣで育った技術レベルの高い選手が本校に進んでくるようになっていますが、今の私は、長岡ＪＹＦＣで量産された西田もどきを起用しているようなものです。

本校サッカー部が、勝つために「いかに(持っているボールを奪われる)リスクを負わずに戦うか」と考え、とにかく前に走る、蹴るというスタイルから「いかにボールを奪われずに技術で戦うか」という方向に変わっていけたのは、彼が育てた選手を預かるようになってからです。つまり「伝統のパスサッカー」を築いたのは、私ではなくコーチの西田ということになります。

長岡ＪＹＦＣ設立、幼少期の吸収力に驚がく

西田を呼んで、中学生年代のクラブチーム長岡ＪＹＦＣを立ち上げたのは、２００１年です。背景には、自前で選手を育てなければいけないという思いがありました。長岡には、監督の古沢の出身チームである長岡ビルボードＦＣという老舗の育成クラブがあり、チームとしても強く、良い選手を輩出しています。しかし、当時、ビルボードの主力クラスは、なかなか本校には来てくれませんでした。

全国大会に一度や二度出場できたとしても、よほど勝ち上がらない限り、地元の有望な選手に声をかけても断られるという状況は変わらないだろうと感じていました。それならば、多少は時間がかかっても、小学生やもっと低年齢の頃から自分たちで指導した方が良いのではないかと思うようになったというのが、私から見た長岡ＪＹＦＣ設立の背景です。

しかし、西田は「高校の強化」に固執せず、選手の上達を第一に考えて指導にあたってくれました。ちなみに、日本国内でも有数のサッカーどころとして知られている埼玉県の浦和出身である西田は、小学生時代に浦和ＦＣで全国制覇を果たし、得点王と優秀選手に輝いています。中学時代は、東京都の巣鴨にある三菱養和ＳＣジュニアユースに通い、東京都選抜に選ばれて、ここでも日本一を経験しています。つまり、小・中・高と日本の頂点に立ち続けた人物です。

私が衝撃を受けた帝京高校のセレクションの中でも、ひと際目立って上手でした。西田のプレーは、とにかく賢かったです。試合中のミスが少なく、ゲームの展開、相手の心を読む力が抜群でした。足首にメスを入れる場所がないくらいに手術を重ねるなど、高校を卒業してからはケガに苦しみましたが、サッカーのクレバーさに関しては、私が知る中で彼の右に出る者はいませんでした。

そんな彼が持つ技術は素晴らしいのですが、難度が高く、子どもたちに教えていくのは難しいものだと思っていました。ところが、長岡JYFCの子どもたちは、驚くほど素直に吸収していきました。

クラブを立ち上げた翌年には小学生のU−12や、U−6のスクールも作ったのですが、小さな子どもたちは、何が難しくて何が簡単なのかを知りません。西田に言われるがまま「ふーん、そうなんだ、分かった！」と素直に取り組むので、どんどんできるようになっていきます。他人が見て狭いと思う局面でも、彼らはそこで自在にボールを操るのが当たり前と思っているので「何が狭いの？」という感覚なのです。

長岡JYFCが「帝京長岡JY」ではない理由

中学生以下を対象とした長岡JYFCの立ち上げは、私が一人で考えたり、行動したりして設立したものではありません。長岡という町の子どもたちがより良い選手になるのを手助けしたいという話に、長岡向陵高校の監督を務めていた丸山有一先生(現・新潟県サッカー協会技術委員長)も賛同してくださり、地域の協力も得て出来上がったチームです。保育園や幼稚園、保護者にしっかりとした組織として認めてもらう必要があり、サッカーチームとしては県内で初めてNPO(特定非営利活動)法人格を取得しました。

もちろん、私は高校を強くする目的を持って関わりましたが、指導を依頼した相手である西田が、良い具合に高校の強化という小さな器で考えていませんでした。私が「もっとサイドや前線で戦える選手を育ててほしい」と要求しても「分かったよ」と言っておいて、それとは無関係に子どもたちに必要だと考えている個人技を教えていきました。本校サッカー部強化のための指導ではなく、地域の子どもたちのための指導であったことが、地域に受け入れられていくことにつながった面はあると思います。

地域の協力を得て、長岡のためにという思いで作られたチームなので名前も「帝京長岡JY」とはしませんでした。また、ユニホームのカラーも帝京長岡の緑色にはせず、青色を用いています。選手の募集を始めたのは、指導を担当する西田が来る前だったので、最初は、長岡JYFC(仮称)としていたのですが、西田が名前にこだわらなかったため、そのまま採用となりました。

今も、長岡JYFC出身の選手が全部、帝京長岡高校に来るわけではなく、中には実力があっても公立校志望で長岡向陵高校や長岡高校に進む子もいます。

盟友・西田勝彦との出会い

ここで、私たちのチームに欠かせない存在である西田との付き合いについて、紹介したいと思います。技術指導に関しては、ほとんどの部分を彼に任せていますし、チームの躍進の原動力となってくれています。西田なくして、今の私も、本校サッカー部も、そして長岡JYFCの活躍もありません。

西田を初めて見たのは、中学3年生のとき、帝京高校のセレクションでした。私はほかの子よりも体が大きく、足が速いだけの選手で、中学のチームも大阪府大会の1回戦負けというレベル。それでも、サッカーの強い高校を進路に希望していました。幸いなことに、私の6つ年上の兄が、当時、東京の上智大学に通っていたので、兄のところへ転がり込めば良いと考え、強豪の帝京高校のセレクションを受けました。1次セレクションは終わっていたのですが、おそらく身体のサイズがあるということが理由で、2次セレクションに参加して良いということになりました。面談の際に使う履歴書のようなアンケート用紙に、一生懸命に文字を書き込んだところ、古沼先生に「君は、良い字を書くね」と褒められました。今でも覚えている、貴重な誉め言葉ですが、古沼先生は覚えていないそうです。

そのような経緯で2次セレクションに参加したのですが、私は強い衝撃を受けました。後に、私たちの世代の主将となる日比威(現・帝京高校サッカー部監督)や、小学生の頃から浦和FCで全国優勝を経験している西田たちは、高校側から声をかけられて入学を勧められていた選手です。彼らは、ドリームチームと形容したくなるほど上手で、同じ中学生とは思えず、世の中にこんなにすごい同級生がいるのかと本当に驚きました。

大阪でも、後にプロになる平岡直起を見ていたので、高いレベルの選手は知っていましたが、それよりも上手い選手ばかりで、ワクワク感が止まりませんでした。あのときの感覚は、今でも思い出せるくらいに強烈でした。

西田は当初、桐蔭学園高校(神奈川)に行く話になっていて、寮の部屋まで決まっていたのに、中学時代の東京都選抜の仲間が読売(後の東京ヴェルディ)ジュニアユースから帝京へ行くと聞いて鞍替えしたと言っていたような気がします。

私が通っていた中学校は、サッカーの指導者がいなかったので「こんなに上手い奴らが、ちゃんとした指導を受けるのなら、オレが追いつけるわけがない」と思いました。結果的には、大きくて足が速いというだけで私も推薦枠で入部させてもらえたのですが、何としても西田たちと一緒にサッカーをしたいと考え、セレクションに合格できなくても、受験をして絶対に帝京へ行こうと思ったほど、このとき見た光景は、忘れられないものでした。

実力格差を超えた「さぼり仲間」

こちらは、本校とは関係のない余談になるのですが、これまで記してきたように西田は、かけがえのない存在で、尊敬できる指導者です。しかし、私が西田と高校時代からずっと仲が良いのは、尊敬だけが理由ではありません。サッカーをサボるときも一緒にいた悪友でもあるのです。

最初は、西田がAチーム、私はもっと下のチームにいました。しかし、クラスが5、6組で隣だったため、体育の授業が一緒でしたし、私も1年生のときに公式戦に1試合だけ使ってもらったのですが(ちなみに、触るだけでゴールできるボールをヘディングしてクロスバーに当ててしまい、跳ね返りを西田がつめて得点しました)、練習でもたまにAチームに呼んでもら

*Rooting football culture
in the town of Nagaoka

えることがあったりと、顔を合わせる機会が増えていき、仲良くなっていきました。

当時は、走りのトレーニングも多く、毎日が厳しい練習です。口を開けば「もう辞めたいな」と言っていたものです。しかし、親に頼み込んで東京の学校へ入れてもらった手前、簡単には辞められません。西田は、1年生の冬の全国高校選手権に出場して得点も決めるようなスーパールーキーです。辞めても、別のチームが欲しがるでしょう。1年生の夏頃には「辞めてブラジルに行こうかな」と言い出したので、なぜか「じゃあ、オレも」と言っていました(笑)。

当時の帝京高校は、狭いグラウンドで練習していたので、中でプレーできる選手は、ほんの一握り。ほかのグループは、外へ走りに出ていました。自分が教員や指導者をやるようになったので分かりますが、間違いなく古沼先生にはバレていたはずですが、当時は敷地の外ならバレないだろうと、サボることもありました。そんなときも、西田は常に一緒にいる仲間でした。

当時は土曜日も授業があり、部活と関係なく自由に遊べる時間は、土曜の夜のみ。1年生のうちは、グラウンド整備やボール磨き、先輩の練習着の洗濯などで忙しくて時間がなく、女の子と約束をして遊びに出かけたなんていうのは、年に数回程度でしたが、2年生になると要領が分かってきて、少しずつ遊ぶ時間も作れるようになってきます。土曜の夜は、よく西田たちと一緒に遊んでいました。当時、私は2年生までは東京の大学に通っていた兄の部屋に居候をしていましたが、西田もよく泊りに来て、西田のお母さんから私の部屋に「息子に帰って来いと伝えて」と留守番電話にメッセージが入っていたことがよくありました。

アルゼンチン代表GKを泣かせた南米遠征

そんな私たちが帝京高校で1年生から2年生になるとき、春休みからゴールデンウィークまでの1カ月半、南米遠征でアルゼンチンとウルグアイに行きました。始業式には出られず、新しいクラス分けは、地球の裏側で知りました。この遠征のメンバーは新3年生がほとんどで、新2年生となる私たちの学年は、西田や私を含めて数名でした。ある種の期待を受けていたのだと思います。

余談になりますが、このとき、GKが足りず、プロチームにいたセルヒオ・ハビエル・ゴイコチェアという選手が入ってくれたのですが、私たちに7点も8点も取られて練習後に泣いていました。

その年、1990年の夏にワールドカップイタリア大会に第3GKとしてメンバー入りし、正GKの負傷によって出場機会を得て、2度もPK戦に勝って脚光を浴びた選手です。準決勝のイタリア戦では、当時ナポリ(イタリア)でプレーしていたディエゴ・マラドーナが、キッカーの癖を知っていて飛ぶ方向をGKに指示していたという逸話もあるのですが、彼が出てきたときは「あの泣いていたGKがアルゼンチン代表でワールドカップに出ているぞ」と私たちは大盛り上がりでした。

話を戻します。南米から帰国後は、遠征メンバーがAチームとして活動することが多かったのですが、私たちは遊ぶことで頭がいっぱいになっていき、西田はケガもあったので、2年生のときはともにAチームから外れることが多くなっていきました。次第に、サッカーから心が離れていた時期でした。

合宿脱走事件

高校2年の夏休みのことです。岐阜県の飛騨高山で合宿をしているときに、南米遠征でお世話になったイタリア杯でアルゼンチン代表のコーチも務めていたマリアーニさんという方が来日することになり、成田空港へ迎えに行くために古沼先生が東京へ戻りました。私たちは、チャンスだと思い、先輩たちから酷い「しごき」を受ける地獄の日々から逃げようと計画しました。その日も先輩たちから理不尽な説教を受け、2年生の仲間で誰ともなく「逃げようぜ」と言い始め、当時の合宿に参加していた2年生で1人だけを残して全員で合宿所を脱走しました。西田は、その中でも「主犯格」でした。ちなみに、飛騨の出身で次の日に中学時代の恩師が練習を見に来ることになっていたために残る決断をした1人は、大部屋で独りになり、なかなか寝付けなくて翌日は寝坊したそうです。

飛騨高山から東京へ逃げるには、普通に考えれば名古屋に出て新幹線ですが、計画していたわけではないので、そんなお金は持っていません。みんなでお金を出し合って買ったのは、鈍行なら1日乗り放題のJR青春18きっぷ。名古屋経由では、特急で追いかけられたらダメだということになり、北陸経由で逃げることになりました。宿泊地から最寄りの駅までの道のりも追いかけられたらいけないので、別方向にあった遠くの駅の始発に目標を定め、みんなで遠征用バッグを担いで、山を下っていきました。なぜ、こんなことは必死で頑張れるのでしょうか。仲間に群馬県の高崎出身の人間がいたので、彼の実家に寄り、隣のとんかつ屋さんでご飯を食べさせてもらいました。その彼の息子は今、本校に通っています。

私たちは高崎を経由して東京へ戻り、学校へ行って荒谷守先生(古沼監督の下でコーチとして主に戦術面を担当)に言い分を聞いてほしいと訴えました。しかし、結局は言いくるめられて、翌日はマイクロバスで飛騨高山へ送り返されました。私の代は、3年生だった91年度に第70回全国高校サッカー選手権で四日市中央工業高校(三重)との両校優勝を飾っているのですが、古沼先生には今でも「優勝した世代」ではなく「合宿から逃げちゃった世代」と言われています。

ちょっと恥ずかしい思い出話になりましたが、西田は、素晴らしい選手であり、指導者であり、かけがえのない親友であり、常に行動をともにした悪友でもあったことをお伝えしておきます。私と同じように、西田も「お前が指導者?」と言われるような人物です。そんな私たちが1つのチームを指導しているのは、とても不思議です。

必ず自分で決めさせる

そんな高校時代の悪友でもある西田ですが、何度も繰り返すように、サッカーに関しては彼の右に出る者はいません。指導者としても非常に優秀で、どれだけ助けてもらっているか分かりません。私が、西田の指導に関心するのは、技術面だけではありません。

西田は、私が知り合った高校生の時から変わらないことで、自分で判断する、決めるということには、ものすごくこだわりを持っています。

例えば、長岡JYFCに通っている中学生が「テスト期間に入るので、練習を休みます」と言ってくると、西田は必ず「それは、自分で決めたのか?」と聞きます。選手が自分で考えて決めたことならOKです。でも「親に言われました」、「先生に言われました」という場合は「君は、本当にそれでいいの? サッカーをする、帰ったら勉強もすると自分で決めれば、サッカーをやってはいけないということにはならないんじゃないの?」と聞きます。

親が言ったからサッカーを休むというようでは、成長などできません。サッカー選手としては、自分で考えて決断しなければ、責任を持ったプレーなどできません。それに、どうやったら自分のやりたいことをできるのか、自分で提案して実行するような子どもでなければ、サッカーを通して人間的に成長することもできません。この点で、西田は選手が自分で決断したかどうかを必ず確認します。

オフなし、椅子なし、傘もなし

西田は、サッカーをする子どものために、何をすべきかを本当によく考えていると思います。彼がやっていることは、とても真似できることではありません。例えば、長岡ＪＹＦＣは、ほかの習い事をする子でも通えるように、クラブとしてはオフの日がありません。サッカーをやりたいと思ったときには、必ずできる場所でありたいという西田の考えによるものです。

オフのないクラブは、指導スタッフも大変です。子どもたちは、カテゴリーごとにオフの日が設けられています。指導スタッフも家族と過ごす時間を作ってほしいので、土曜や日曜も交代制でオフを取るように伝えています。しかし、西田は、なぜか、いつもグラウンドに立っています。しかも、朝から晩までグラウンドにいて、ほぼ座りません。「あの人は、いつご飯を食べて、いつ寝て、いつ座っているのか」と指導スタッフが不思議がるくらいに、グラウンドに立っています。

雨の日も傘をささず、やたらと丈夫な雨合羽を着て、子どもたちに近い場所で指導をしています。選手に寄り添う気持ち、チームを大事にする気持ちを感じますし、それを見ている高校のＯＢ指導スタッフは、西田を敬う気持ちなのか、同じように傘をさしません。私が傘を勧めても、どういうわけか「傘は無理です」と断られる不思議な慣習が存在します。本校サッカー部を含めて、子どもにとって何が一番良いのか、大事なのかという問いかけは、西田が発信者であることが多いと思います。

谷口流「速攻」と西田流「ポゼッション」のブレンド

ここまで読んでいただいてイメージできると思うのですが、就任当初の私が教え込んできたサッカーと、西田が長岡ＪＹＦＣで教えたサッカーは、スタイルが違います。大まかな表現にはなりますが、私の場合は、自陣のゴール前ではリスクを負わずにクリアをしていくし、なるべく早く相手のゴール前にボールを持ち込み、混戦で競り合ってセカンドボールを拾い、直線的にゴールへ押し込んでいく速攻のスタイルです。

西田の場合は、短いパスを多用して確実にボールを保持しながら、パスをつないだり、中盤からのドリブル突破を仕掛けたりして相手を揺さぶって、逆を取って相手を何もできない状態にして勝つスタイルです。言葉にするとまったく別の方法に聞こえるとおもいますが、私たち2人の間では、その融合を難しいと感じていません。

なぜなら、互いが互いに、相手のスタイルの方が良いかもしれないと思うところがあるからです。速攻ばかりを仕掛けると、セカンドボールの競り合いで常に勝たない限り、ボールロストが多くなります。つまり、相手に反撃の機会を何度も与えることにつながりかねません。一方、ボールを長く保持してばかりいても、ゴールに向かうことができなければ得点はできず、これもまたカウンターを食らうリスクを負うことになります。ですから、両者のバランスをどう取るかというディスカッションをよくします。

ロングパスを多用する速攻であるとか、ハイプレスからのショートカウンターであるとか、ショートパスをつなぐポゼッションであるとか、何か理想の形を描いて、いつでもそれを実現するために徹底するという方法もあるとは思います。しかし、私は、シンプルに「その試合を勝てるサッカーが、理想のサッカー」だと考えています。チームとして意思を統一するためにある程度のベースは必要ですが、そのスタイルを徹底したかどうかではなく、そのスタイルを、試合に勝つために使えたかどうか。勝つためのバランスに変えられたかどうかが大事だと思っています。

速攻とポゼッション、サイドと中央。その中間を、相手の予測から外れて狙うことができれば、チャンスになるのがサッカーです。そのために、私の方法と、西田の方法は、互いに互いを必要とするのです。

親友だからできる、タイプの異なる2人の融合

もちろん、選手の特長や、相手の戦術によって、試合で有効な方法は変わってきます。相手がサイドを警戒しているけど、スピードがあってドリブルが上手な選手の個人技によりサイドで優位に立てる試合もあります。中央を固めて守られても、怪物FWがいればボールを預けて、ターンをして競り合いながらでも強いシュートを打てるかもしれません。ですから、そのときのチーム状況を鑑みて、どういうバランスを取るのが最適なのかと、よく話をします。ただ、最初から2人の異なるスタイルを融合させようと考えていたわけではありません。互いを尊重した結果、偶然、良いとこ取りの融合になっていったというのが正しい気がします。

そもそも、私と西田は、違う部分の方が多いと思います。練習の指導スタイルも真逆。私は常に新しいメニューを考えたり、真似をしたりして変化を加えていくのですが、西田は毎年同

じようなトレーニングを延々とやり続けているように見えます。新鮮なトレーニングは、意欲を高められるメリットがありますが、やったことのないメニューを理解するのに時間がかかったり、意図を把握しきれなかったりするデメリットもあります。西田のトレーニングは、嫌いな選手は飽きるかもしれませんが、選手が混乱することはありませんし、継続して行うことで少しずつ習得していくことが可能です。

選手への声のかけ方も違います。私は悪く捉えれば感情的にもなりますし、良く言えば、メリハリをつけて声をかけるタイプです。一方、西田は、ずっと同じテンションで同じことを、できるようになるまで繰り返し伝えていくタイプです。

本当は、これだけ違うタイプの指導者が互いに意見をぶつけて、話し合ってやっていくのは、難しいことなのかもしれません。例えば、西田と同じようなスタイルの指導者がいたとしても、私が今ほど素直に意見を言ったり、聞いたりするのは無理ではないかとも思います。

後ほど、選手起用に関しても意見が違うという話をお伝えしたいと思いますが、正直に言えば、心からは納得できないことでも、互いにアイツがそこまで言うなら、そうなのかもしれないと思って相手の意見を採り入れて、結果的にうまくいくことも多いです。意固地にならずに相手の意見を織り交ぜられるのは、互いに言いにくいことがない、そんな関係の西田としかできないことのような気もします。

新スタイルの申し子、小塚と全国8強へ

CHAPTER

3

The important thing is to keep trying.

「天敵」有田光希の出現

さて、西田の話が長くなってしまいましたので、チームの話に戻ります。２０００年度、２００５年度と高校選手権で2度全国大会に進み、その間にインターハイでも全国大会に３度出場しましたが、いずれも初戦負けでした。しかし、少しずつ本校の選手のレベルも上がってきていました。２０１０年度の卒業生から、酒井宣福《のりよし》（サガン鳥栖）が初めて本校卒のＪリーガーになりました（本校卒業生のＪリーガーについては、後ほど各選手についてお話しします）。

しかし、酒井の１学年上で天敵が現れ、私たちはなかなか新潟県で勝つことができずに苦労しました。２００７年に北越高校に入学した有田光希選手（ヴァンフォーレ甲府）のことです。酒井はフィジカル能力に優れた選手でしたが、当時は有田選手の方が酒井よりも大きくて強く、しなやかで点の取れるストライカーでした。酒井に有田選手をマンマークさせたこともありましたが、この頃の話をすると、有田選手にやられた記憶ばかりが蘇ります。

とにかく対戦すれば、彼に点を取られて負けました。最後の対戦は、すでに順位が決まっていたプリンスリーグ北信越での対戦。負傷していた彼が最後に途中出場してゴールを決めました。酒井は、１年次のインターハイだけ全国大会を経験しているのですが、そのときは、運よく北越高校が別のチームに負けて対戦せずに勝ち上がることができたのです。

Rooting football culture
in the town of Nagaoka
Someday I want to create a team
like Athletic Bilbao.

実は、私は有田選手が中学生のときのプレーを見ていましたが、早熟なタイプだと思って見切りをつけ、彼と組んでいたもう一人のFWだけ誘いました。結局、その子も新潟工業高校に進んで、うちには来なかったのですが、有田選手には声もかけませんでした。もしも、有田選手を誘い、酒井を本人が希望していたFWで起用し続け、ツートップを組んでいたら……。指導者としてのセンスのなさを感じる部分でもあり、この頃の話は、あまり思い出したくありません……。

謹慎処分中、体育教官室の窓から見た未来形

本校から初めてのJリーガーとなる酒井宣福が3年生になった2010年、大きな転機が訪れました。私が1年間の謹慎処分を課されたのです。前年に選手が後輩をいじめていたことや、窃盗事件を起こした選手がいたことが発覚し、保護者の方からの信頼を失ってしまいました。私の監督不行き届きでした。

謹慎期間は、長岡JYFCを指導する西田に、高校の指導を任せました。私は、グラウンドに立つことを許されず、誰よりも早く部室に行って選手たちに「おはよう」とあいさつをして、練習時間は体育教官室の窓から西田のトレーニングを眺め、自主練習をする選手が全員帰る

謹慎時期があったからこそ今の“技術で勝ちに行く”帝京長岡スタイルを確立できた

まで残って、選手のサッカーノートと向き合うことしかできませんでした。ただ、あまり意識していませんでしたが、選手との距離感や話し方もこの頃から少しずつ変わっていって、教え込むばかりでなく、話を聞いていけるようになったように思います。

チームは、その1年前に田村侑という選手が主将をしていたのですが、彼は長岡JYFCから上がってきた選手で、1年生から試合に出ていました。彼らの世代から少しずつ、西田が長岡JYFCで教えた選手がチームの力になり始めていましたが、当時はまだインサイド(中央)でのプレーが上手い選手は出て来るけど、サイドやセンターバックで戦える選手が出てこないなと言っていた時期で、本校サッカー部のプレースタイルに大きな影響を与えているというほどではありませんでした。

しかし、謹慎処分を受けて西田のトレーニングを見ている中で、彼が子どもたちに伝えようとしているものが、明確に理解できるようになっていきました。当時の私は、まず選手たちには、競り合いで勝つ姿勢が足りないと感じ、前に蹴って走り、競り合って勝つというスタイルで戦っていましたが、西田はそのサッカーに合わせる選手を育てるのではなく、技術で勝てる選手を育てていました。そして、彼にチームの指導を任せたときに、技術で勝ちに行くスタイルが見えてきました。「これからは、これをベースにやっていくんだ」と、今の形につながる原型が見えたのです。

西田が重視していたのは、選手が、自分の周辺のスペースを自由に支配する技術です。ボールと自分の関係、相手と自分の関係、相手とボールの関係を、幅や空間を使って自分がコントロールできると、試合をすごく優位に進められたり、もっとサッカーが楽しくなったりするということが、分かりました。

私は西田のトレーニングを見ながら、それをどうにか活字に残したいと思ってノートを書きました。また、謹慎処分が明けた後も、平日のトレーニングでは、西田に技術指導を任せるようにしていきました。決して良いことではありませんが、あの謹慎時期があったからこそ、技術で勝つ西田のスタイルを高校に採り入れて融合していくことができました。とてもつらかったのですが、非常に良い機会にすることができました。

「理念、心得、コンセプト」の活字化

また、謹慎処分中は、サッカーのことだけでなく、チーム組織をどうしていくかという点でも、頭の中を整理しました。長岡ＪＹＦＣを通じて地元の子どもを育てながら、高校ではほかの地域から来る子と融合させ、競争しながら互いが成長する流れはできていましたが、当時の私たちは「帝京長岡高校サッカー部とは、こういう集団である」といった追い求めるスタイルを明確に持てていませんでした。私が自分の中にあるイメージを各自に伝えていただけなので、チーム全員が共有できるように言葉にした方が良いと考えたのです。

そこで、本校サッカー部の部員である以上、地域で認めてもらえる人間になろうという目標を掲げ、そのために必要なこととして「理念、心得、コンセプト」をチームが目指すモットーとして活字化しました。これによって、選手をサッカー面だけでなく一人の人間として成長させるために指導していく上で、若いスタッフの拠り所となりました。場面ごとに指摘をするだけでなく、それはなぜかを考えるとき、私たちは、いかなる選手、チームになることを目指すのかと常に立ち返って考えることができます。

理念や心得は、サッカーとは無関係に見える部分も含まれてきます。腹から声を出してあいさつをする、1日1回は大きな声を出すとか、古風ではあるのですが、ただボールを蹴るのが上手い選手になればいいという考えは嫌です。やはり、学校では、社会に出て行く上で必要なことは、教えていくべきだと思います。人それぞれにエゴを通す人生もあると思いますが、人生を損する形は、正してあげるべきだと思っています。

もしも、私たちの教えには反対だというなら、卒業して大人になってから自己表現をすればいいと思いますが、本校サッカー部で一緒に時間を過ごした選手には、サッカーが上手くなれば良いということではなく、多くのことを学んで行ってほしいと考えています。

そのためにも「理念、心得、コンセプト」を、選手は入部したときや、出直しを図るときに書写して、心に刻むようにしています。立ち返る場所が明確になり、目指すべき方向に進み直すことができるようになりました。

明文化による指導スタッフの意識共有

「理念、心得、コンセプト」の共有は、指導スタッフのためでもありました。少しずつOBがスタッフとして戻ってきてくれるようになっていた時期でもあり、人数が増えて助かったのですが「船頭多くして船山に上る」という諺もあります。指導スタッフが各自の価値観で指導にあたっていては、チームとしての統一は難しくなります。

選手を教えるときに個性を尊重するように、指導スタッフにも個性があるので、全員が同じ教え方をする必要はないと思っています。どうしても私が教える姿を見てきたOBなので、立ち姿や言い方が似てしまうところがあり、気持ち悪いから変えようよと言うことがあるくらいです。ですから、トレーニングの一部始終の指示や報告などはしません。

ただし、チームとして共有すべき部分はあると思っています。選手がルールを破ったから丸坊主にさせるなんて指導はダメだぞという当たり前のことを共通認識として持つのはもちろんですが、例えば、トレーニング中、選手に集合をかけるとき、集まるのが遅い、あるいは集合した後もぷらぷらと体を動かしている選手がいる場合、特に気にせず「理解できればいい」として指導する方もいると思います。うちでは西田がそういうタイプですが、私はチームとして、それを許しません。本校サッカー部として「いつも正面で目を見て話を聞いてくれる」と言われる人材を世の中に送り出したいと思っているからです。

だから、指導者の個性とは関係なく、そういう部分が選手に見られたら、ちゃんと指摘してほしいと伝えています。トレーニングの最中、最初と最後は絶対にきちんとしていないといけないというのも同じです。

*Rooting football culture
in the town of Nagaoka

走るメニューなどで、笛よりちょっと早くラインを越えて走り出す、あるいは最後のラインを踏まずに減速して走り終える。そんないい加減な選手では、信用して一緒に戦えませんし、社会に出てからもいい加減な奴だと思われてしまいます。

私がリーダーシップを取らなければいけませんが、私のやり方をすべて押し付けてもいけません。それでいて、チームで統一すべき部分はあるというのが難しいところですが、立ち返るところを明文化したことで、意識を共有できるようになり、スタッフ間で互いに違和感を覚えるようなことは、少なくなっていきました。

「緑の血」の循環、スタッフで協力して作る体制へ

現在、監督の古沢を筆頭に、指導スタッフにはかなり多くのOBコーチがいます。卒業生が、このグラウンドに帰ってきて、地元の子どもたちを指導してくれるようになったことは本当に嬉しいですし、彼らは「僕らには緑の血が流れている」とも言ってくれています。

実力の世界なので、下級生がAチーム、上級生がBチームというケースもありますが、試合に出られない3年生は、次第に意欲を失っていきます。しかし、チームが勝つためには、試合に出られない選手も頑張らなければいけませんし、試合に出られない3年生も最後までチー

ムのために頑張ることで学べることがあります。だから、誰も欠けることなく目標に向かえるように、一致団結することが大事なのですが、言うほど簡単ではありません。しかし、選手の気持ちが分かる若いOBスタッフが敏感で「3年生だけで合宿をやらせてください」などと言ってきます。選手の気持ちを本気で考えてくれるOBスタッフがいて良かったと思います。

ここで学んだものを次の世代に伝えていく感覚を持っているOBコーチが多いと、指導はかなりやりやすいです。私の考えを知っているので、全部を説明しなくても汲み取ってくれるところがあります。

一方で、どうしても教員と学生の関係が抜けないところもあります。私は「遠慮なく言って」と言ってはいますが、納得できないことがあると怒ってしまうなど、自分が未熟なところも多く、まだOBスタッフの本当の良い部分や意見を引き出し切れていないようにも感じています。

「理念、心得、コンセプト」は、私が作ったのですが、現在はシーズン毎に修正をしていて、コーチである西田や、OBであり監督である古沢と担当を分けています。20年度は、私がクラブとして目指す理念を、古沢が部員として目指す心得を、西田がサッカー選手として目指すコンセプトを担当しました。こうすることで、私の考えをみんなに押し付けることがなく、スタッフも一緒に考えて共有でき、チームがぶれずに一つの方向に成長していく手ごたえを得られるようになっていきました。今後は、ＯＢスタッフに任せられるところは任せていきたいと考えています。

克己復礼(こっきふくれい)

チームのモットーとして「理念、心得、コンセプト」を定めましたが、私たちには、それ以前から大事にしている「克己復礼(こっきふくれい)」という言葉もあります。

私が来て2年目の1年生は「帝京長岡にやばいコーチが来たらしい」と見聞きした上で入部してくれたので、保護者の方が協力的でした。そこで、試合の応援に行くのに横断幕を作りたいと言われて、相談したのが、当時の監督である佐藤先生でした。本校サッカー部のモットーである「克

20年以上前に作られた「克己復礼」の横断幕は今でも全国大会などで使用している

己復礼」は、佐藤先生が示してくれた言葉で、当時作られた立派な横断幕は、20年以上経った今でも全国大会の時などには持ち出して使用しています。

克己復礼は、孔子の「論語」に出てくる言葉です。私情や私欲に打ち克ち、社会の規範や礼儀を重んじることを意味しています。この言葉をいただいたときは、まだ私はサッカーさえやっていればいいんだというくらいの感覚でしたが、年齢を重ね、いろいろなことを経験してくる中で、こんなに大事な言葉はないと思うようになりました。

この言葉と意味は、どういう形でも引き継いでいかなければならないと考えていますし、今は、新入部員は必ず、部の理念、心得を書写するようにしているのですが、その最後は「克己復礼の精神を身に刻むこと」としています。何かトラブルなどがあって出直しを図るときも、必ず克己復礼の言葉に立ち返るようにしています。

初めての手ごたえ

2010年度の謹慎処分を経て、私たちスタッフは、チームとして一つになっていきました。西田が教える技術と、私が教える戦術の融合によるスタイルが、初めて手ごたえを得たのは、小塚和季(川崎フロンターレ)が2年生だった2011年度でした。身体能力はそれほど高くないけれども、ボールをきちんと正確に扱える選手が適材適所にいるチームで、リスクを回避して前に蹴るばかりでなく、少しパスをつなぎながら攻めていくスタイルにも変わっていきました。

新チームが始動した春先に、ジュビロ磐田ユースと試合をしても、私たちの方がボールを長く保持して決定機を作れる内容でしたし、全国レベルで見て力のあるチームに対しても対等な勝負ができきました。

それまでは新潟県で優勝できるかどうかと思っていたのに、小塚が2年生のときには主導権を握れる試合が増えて「これで勝てなかったら、どうしよう」というくらいに手ごたえのあるチームになりました。小塚はすでに下級生ながらチームの中心。3トップの左で起用していたのですが、プリンスリーグ北信越では、得点王になりました。

ところが、この世代の高校選手権の新潟県大会決勝は、意外な幕切れを迎えました。今、本校サッカー部でコーチをしている藤田涼輔が3年生でしたが、試合の立ち上がりに、彼が小塚のスルーパスをフリーで受けてシュートを打ち、ゴールの枠を大きく外しました。自信があったので、まだチャンスは作れるとは思っていたのですが、ビッグチャンスを逃したことで試合の流れをつかみ損ね、前半で3点も奪われてしまいました。その後、打ち合いに持ち込んで2点は取り返したのですが、新潟西高校に2−5で敗れ、過去最高に手ごたえのあるチームで全国大会出場を逃してしまいました。

思えば、このときは、これで新潟県を勝てるぞなどという気持ちだったのかもしれません。強い相手に挑むチャレンジャーの気持ちがなければ、必死で挑みかかってくる相手にのまれてしまうものです。

選手発のアイデア「死角ディフェンス」

この世代の選手は、現在のチームの礎を築いてくれました。チームスタイルの変化を明確にしてくれましたし、現在に至るまで大きな影響を与えています。チームが好成績を収めたとき、監督や総監督といった立場にいると「どうやって選手を育てたのか、チームを強くしたのか」と聞かれますが、何よりも第一に選手たちの頑張りがあります。練習メニューを考案するのは、指導者の主な役割の一つですが、私たちのチームには、選手のプレーから生まれたメニューもあります。

私たちが「死角ディフェンス」と呼んでいるのは、当時の選手が勝手に始めたプレーでした。私が気付いたのは、相手が右サイドから左のハーフスペース(左中間)にパスをつないだときでした。私たちの右サイドの攻撃選手の対応が遅れたように見えたのですが、相手の背後から気付かれずに距離を詰めて、相手がパスを受けた瞬間にボールを奪い取りました。私が「今のは、狙っていたの？」と聞くと「こっちの方がボールを取れそうだと思いました」と言ったのです。これはいいなと思い、チームで共有していきました。

　ちょっと図面Aを見てください。グリッド内で3対3となるメニューです。図の上と下には白チームのサーバー、図の右と左には黒チームのサーバーがいます。サーバーは、各チームの攻撃の始点と終点になります。通常、彼らはグリッドには入りませんが、パスの受け手にはなるので、ボールを持っているチームが有利な5対3の形になります。ここで問題なのは、ボールを持っていないチームは、グリッド内ではボールを奪いに行きますが、サーバーはやることがなくなってしまいます。そこで彼らには「死角ディフェンスOK」というルールを加えます。例えば、図面B。白チームの1人が左サイドに張ってパスを呼び込んでいます。こ

図A

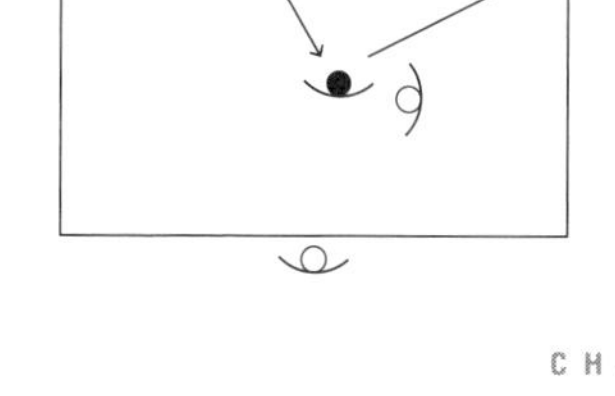

図B

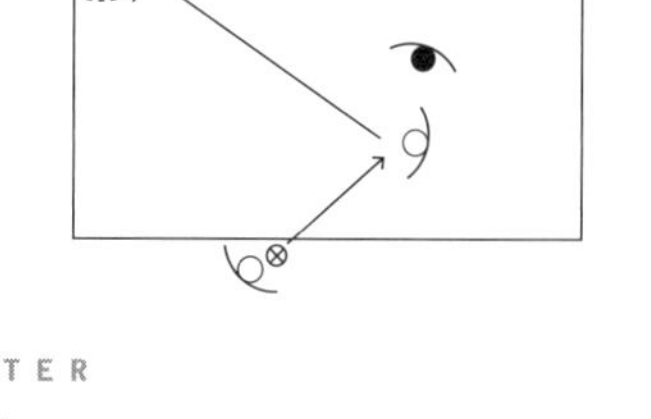

のとき、最初のコントロールのところだけは、黒チームのサーバーがグリッド内に入り込んでボールを奪いに行って良いという形になります。この制度によって全員が気を抜かずにトレーニングに参加できますし、白チームは、通常の5対3のパス回しよりも警戒すべきところが増えるので緊張感が生まれます。

選手の発想から、守備のパターンを増やすことができました。当然、私たちが選手から吸い上げてメニュー化したものばかりでなく、先輩から後輩へ直接引き継がれている部分もあります。このように、育成や強化は、必ずしも指導者のみによって行われているものではなく、チームの進化は、選手たちの努力が引き継がれることで成り立っている部分もあります。

上手いサボり方

ついでに、この「死角ディフェンス」に見られる動きを、なぜ評価しているのか話します。このプレーをした選手は、次のように考えていました。

「最初からマークしていたら、相手はサイドチェンジのパスを出してこない。少しマークを離しておけば、必ず出してくる。パスが来たときに間に合う距離にいれば、背後から、相手とボールを両方見ながら奪いに行ける。もしもパスが来なかった場合、左サイドや中央でボールを奪えたら、自分は守備に下がっていないので、ボールを呼び込んで一気に攻撃に移れる」私からは守備をサボっているように見えたのですが、彼のような攻守両得の考え方ができる選手を、西田は「サボり方が上手い」と言って評価します。

例えば、自陣のゴール前に攻め込まれていて焦ってしまう場面でも、よく見ると、相手が3人、味方が4人で数的には優位。そんなことに気付いて「今は攻められているけど、この場面は守り切れる可能性が高い。それなら、守備に加わるのではなく、ボールを奪ったときに一気にチャンスになるようなポジションを取ろう」というイメージを持てる選手のことです。

画一的な指導をすると「攻撃も守備も全部やれ」と言いがちなのですが、西田は自分自身も次のイメージを描ける選手だったので、次の展開をイメージできる選手が「理にかなったサボり方」をする点を見抜いて評価しますし、その視点は、私たちも共有するようにしています。近年は、サッカー理論がいろいろと語られる時代になり、ポジショニングの話も多く出てきますが、こうした「最初からいる」のではなく「タイミングを見て動く」ことは、大きな駆け引きの要素です。

元々、私も西田も共通して攻撃面で評価の基準にしていたことの一つに「パスの受け手が動き出すタイミング」があります。最初からフリーでいられるポジションを取るより、相手にマークされている状況から一瞬で離れてパスを呼び込む方が効果的だからです。この感覚を選手たちが守備でも生かし始めたのが、「死角ディフェンス」でした。

この死角ディフェンスは、戦術面にも影響を与えました。今でも、逆サイドでボールを呼び込もうとしている相手へのマークが手薄に見えることは、よくあります。しかし、サイドの攻撃的MFを下げるのではなく、センターバックやサイドバックが前方に出て守ることが多いです。逆サイドMFが守備をサボっているように見えて、実は、プレスバックとカウンターアタックの両方を狙っているのです。こうした方法を確立していけたのは、当時の選手のおかげです。マークする相手を目の前に置いて、そこに入ってくるパスをインターセプトしたり、ファーストタッチをした直後にボールと体が離れる瞬間を狙ってボールを奪ったりするプレーの練習は、どこでも多く行われますが、相手の後ろから、その瞬間を狙うという練習は、あまりありません。非常に良いヒントを残してくれました。

西田スタイルを徹底

さて、小塚が3年生になった2013年度の話に移ります。前年度にボールを支配して試合の主導権を握るスタイルには自信を持てるようになり、そのスタイルで勝てるようにしようとトレーニングに磨きをかけました。3対3の練習やポゼッショントレーニングで、もっと速く、もっと寄せるというところを徹底的に要求しました。とにかく本当によくボールを使った練習をしていました。

前年度に自信のあるチームで負けてしまい、どうすればいいのかと思う部分もあったのですが、西田は確固たる信念と自信を持ってトレーニングにあたっていました。何かを変えなければいけないのではなく、もっと突き詰めないといけないと考え、道を変えるのではなくさらに突き進む姿勢でした。

こうして、私が以前に採用していた速攻スタイルに、西田が長岡ＪＹＦＣで教えてきたボールを保持する技術を生かしたショートパススタイルを混ぜ合わせたスタイルが継続されていくことになりました。私からしてみれば、もう後戻りはできないからやり切るしかないという部分もあったような気がしますが、スタイルを変えるのではなく、もう一段パワーアップしようと取り組んだシーズンでした。

チーム全体が「今度こそ！」と、力が入るシーズンでしたが、あの世代は、明るいという程度を通り越して軽いと言いたくなるようなお調子者の選手もいて、それが良かったようにも思います。真面目な選手ばかりの世代は、大一番で緊張して力を発揮しきれずに終わるということもありましたが、この年は、ちょっと目を離すと何をするか分からないような選手や、キャプテンシーのある選手といった具合に個性があり、チームの雰囲気に全員でうまく乗っかってくれたように感じていました。

インターハイの青森山田戦が転機

手ごたえのあった前年度からパワーアップした小塚たちはまず、夏のインターハイで4年ぶり4度目の全国大会にこぎ着けました。新潟県大会の決勝戦は、雷による中断などアクシデントがありながらも6－0の大差で勝つことができました。

全国大会は、またも初戦敗退となるのですが、この敗戦が大きなポイントになりました。相手は、青森山田高校。3年生には、後の日本代表となる室屋成(FC東京→ハノーファ/ドイツ)のほか、山田将之(大宮アルディージャ)、池上丈二(レノファ山口)と力のある選手がそろっていて強いチームでした。結果的に敗れたのですが、試合の立ち上がりは、私たちのペースでした。全国の上位クラスとまともに戦えるという感覚を得たのですが、だからこそ終わってみれば0－3という結果が悔しく、選手が非常に高いモチベーションで練習に取り組むようになりました。

高いレベルで勝負にこだわる姿勢が加わっていき、チームは力をつけていきました。冬の高校選手権は、県大会では快勝続き。決勝戦も5－1の大差で勝つことができました。夏と冬、

1年で両方の全国大会に出場したのは、初めてでした（夏冬の出場は、その後も2006年度にしか達成できていません）。

それでも、私たちはまだ全国大会で勝った経験がなかったので、不安もあったのですが、彼らならやってくれるのではないかという期待に応えて、初戦となった2回戦で中津東高校（大分）に3－0で勝ちました。3回戦は、鹿児島城西高校（鹿児島）に立ち上がりに先制されて、これは何点取られるか分からないぞと浮き足立ったのですが、インターハイで青森山田を相手にしても自分たちのプレーができていた自信と、最後の選手権をこんなところで終わりたくないという気持ちを、うまくプレーで表現してくれて、試合の主導権を奪い返して4得点。逆転勝利で準々決勝に進みました。

自分の高校時代と重なった選手起用

準々決勝は、3年生に仙頭啓矢、2年生に小屋松知哉（ともにサガン鳥栖）を擁する京都橘高校（京都）に1－2で敗れました。この試合では印象に残っていることがあります。当時3年生で主力だったMF星田朋弥は、ひざの手術をして負傷明けだったため、控えに回っていたのですが、準々決勝の前日に「オレを試合に出してください」と言いに来ました。最初は「満足に動ける状態じゃない選手を使うなんてダメだ。勝負の世界は、甘くない」と突っぱねたのですが、私の脳裏に、高校時代の自分の姿が蘇ったのです。

帝京高校の3年生として迎えた全国高校選手権で、私は控えFWとしてベンチ入りしていました。準決勝は、市立船橋に残り3分まで1点リードされる苦しい試合でした。このまま負けてたまるかと居ても立っても居られず、私は、初めて古沼監督に「自分を出してください」と言いに行ったのです。私は、当時の自分のように「オレが何とかしてやる！」という心意気のある選手なら、何かやってのけるのではないかと期待してしまいました。私に似ているから、ではありません。自分の考えを持って、それを表明して行動するということは、勇気や責任感が必要ですし、それは大事なことだからです。選手のそういう行動に応えるのも、私は指導者の責任だと思っています。

京都橘との準々決勝、2点リードされた後半の開始から星田を投入しました。星田は、ひざが万全の状態ではないながらも一生懸命に走ってくれました。前日の動きとは、まったく違っていてビックリしました。直訴するだけの覚悟があったと納得できる動きでした。

しかし、後半にチームで1点を返すのが精いっぱいで、勝つことはできませんでした。この点では、恩師の古沼先生との差を痛感しました。古沼先生は、出場させてほしいと直訴した私に「まだだ」と言って、結局、私を起用することなく逆転勝利を収めて勝負師としての強さを見せつけましたし、そのおかげで、私は全国優勝という景色を見ることができました。比較するのもおこがましいですが、それを思い出し、チームを勝利に導けなかった自分の力不足を感じました。

小塚たちが築いた礎の価値、もしも早期敗退だったら……

全国ベスト8という成績自体は、決して満足するものではありませんでしたが、小塚たちの代が、私たちに「この道を進めばいい」と示してくれたことは、非常に大きな意味がありました。前年度に自信のあるチームで結果を出せませんでしたので、小塚たちの代も全国大会に出られなかったり、出てもまた初戦で負けたりと、前進した感触を得られないシーズンになっていたら、ダメージは大きかったと思います。

世の中には、そういう指導者がたくさんいます。そこで自信を失えば、継続した挑戦ができずに道を見失った可能性はあると思います。最初に記しましたが、物事への挑戦は、成功でも失敗でも、そこで終わるものではありません。続けさせてもらうことがありがたく、続けられることが能力です。ベスト8に満足したことはありませんが、成績が前進したことで、継続する努力に自信を持って取り組めるようになったことは、大きかったと思います。今でこそ「負けたとしても間違っていない、続けよう」と言えますが、もし当時のチームが早く負けていたら、私の中の信念が大きく揺らいだ可能性は、否定できません。

それに、全国ベスト8の好影響を感じる部分もありました。東京の感覚で言えば、優勝したチームだけが注目されて、テレビ番組に呼ばれるものですが、全国大会を終えて地元に帰ると、新潟の地方局が生放送に出してくださるなど、随分とポジティブに捉えてもらっているなと感じました。

嬉しかったのは、地元の子どもたちや指導者の方々が「長岡からでも全国大会に行って活躍できるんだと思った」と言ってくれたのです。次世代に勇気を与えてくれた影響は、決して小さくありません。一つの礎を作り、階段を上がってくれた。そんな世代でした。

ベスト8の賞味期限は短い

しかし、ベスト8の賞味期限は短いのです。

たしか、準決勝に進めなかったときに小塚が「ベスト8では、帝京長岡という名前をすぐに忘れられてしまう。せめて(当時の準決勝以降の会場である)国立競技場に行かないといけなかった」と言っていたと思うのですが、私も同じ感覚でした。

ちょっと思い出してみてください。昨年度の大会のベスト8をすべて言えるでしょうか？その前の年は、どうでしょうか？　ほとんど思い出せないと思います。

私のざっくりとした感覚ですが、人の記憶に残るのは、優勝したら5年。準優勝なら3年、ベスト4で1年。ベスト8は、半年あるかないか。次の年の春までででしょう。夏のインターハイの頃には、もう記憶から消えていってているものです。

ベスト8を続けることで頂点が狙える

ベスト8は、その上を目指すためのベースとなる成績です。私が長岡に来たときから、本校は、女子バレーボール部が強かったのですが、当時チームを率いていた高野政晴監督から「全国大会でも、県大会でも、地区大会でも、ベスト8に残り続けないと、なかなか頂点は狙えないよ。8強、できれば4強に入り続けることで、どこかでチャンスが来るものだ」と言われていました。

高野先生は、私が来てすぐの大会は負けましたが、以降ずっと県ベスト4を落とさずに戦い続けて、定年を迎える最後の3年間は、チームを1セットも落とさず県内無敗に導きました。

高野先生には、本当にお世話になりました。来たばかりの頃は、毎日、ご飯に連れていってくださり、体育教官室で出前を頼むときも、いつも「何を食べる？」と聞いてきてくださいました。女子バレー部も遅くまで練習していたので、終わるのを見計らって体育教官室にいると「おっ、飯でも行こうか」と言ってくれて、帰宅前に、次の日の朝ご飯まで買ってくれるような方でした。「社会人になると貯金って簡単だな」とバカなことを思うほど、給料に手を付けずに過ごせるくらい、本当にお世話になりました。そんな方から、ベスト8は「頂点を狙うために続けなければいけない成績」と聞いていたので「ようやく全国ベスト8になったけど、これを続けるのは本当に大変なんだろうな。次は、いつ来れるのか。それを考えたら、やっぱり、もう一つ勝ってベスト4、国立競技場まで行っておきたかった」という思いでした。

トーナメントをすべて勝つには、運も含めて、いろいろな要素がそろわなくてはいけません。この年に勝つと狙いをつけて勝てるものではなく、常に狙い続けられるようにならないと、チャンスを得ることができません。

新潟県で勝ち続けることで全国で勝つチャンスが生まれます。そして、全国大会で安定してベスト8やベスト4といった成績を出せるようになることで、日本一のチャンスが生まれます。そして、常に日本一を目指せるようになれば、自ずと日の丸を背負う選手や、ワールドカップでプレーする選手が出てくるようにもなるだろうと思います。ベスト8は、優勝へステップアップするための前提条件。だからこそ、続けたかったのですが、私たちは、もう一度ベスト8に入るまで6年を要することになります。

遠征初日の朝に顧問をクビ

全国高校選手権で小塚たちが初めて全国ベスト8になった翌年、2013年の夏、私はサッカー部顧問を外れるように言い渡されました。新潟明訓高校に敗れてインターハイの全国大会出場を逃したのですが、新潟県3位となって出場権を得た地元開催の北信越大会に出発する日の朝でした。

実は、その年の初めから、私は学校と折り合いがつかなくなっていました。全国ベスト8を経験した私は、大きな刺激を受け、もっとサッカー部を進化させていかなければいけないと感じ、そのことばかりを考えていました。負けるのには理由があるので、それを知ろうと試合のビデオを見ましたが、あまりの悔しさに数カ月は1試合を通して見ることができませんでした。映像を見ていて、「あっ、ここからやられる……」と思うと、どうしても、悔しさが大きく、その先を見ることができませんでした。

そんな状況だったので、試合に負けて学校へ戻ってきてからもサッカーのことが頭を離れませんでした。私たちに勝って国立競技場へ進んだ京都橘高校と桐光学園高校(神奈川)の準決勝が気になって仕方がなかったので、教務室のテレビで観戦していました。その日、学校では入試の面接が行われていて、教頭先生から電話で「面接のことで聞きたいことがあるから来てほしい」と言われたときも、試合中だったので「今、手が離せないので、後にしてもらえませんか」などと言ってしまいました。学校もサッカー部の進化に一緒になって一生懸命になってくれるものとばかり考えて甘えていたのかもしれません。

しかし、学校は、サッカーだけやっているわけではありません。入試業務などで忙しくなっている時期の私の態度を見て「全国ベスト8になったくらいで調子に乗って好き勝手なことをやり始めた」と捉えられてしまい、私は学校関係者から理解を得られなくなり、対立していきました。活動を理解されなければ、いくら頑張っていても厄介者になってしまいます。

学校は、その年に立ち上げた女子サッカー部の強化にも力を入れていたのですが、なぜか私ではなく選手が学校関係者から「男子のグラウンド使用率が高い」と説教を受けている場面に遭遇し、そんなことを選手に言うのはおかしいじゃないですか、と私がその場で言い合いを始めてしまったこともあり、溝は深まっていきました。

辞表を提出し、監督を辞任

そんな時期が半年ほど続いて正式に顧問を外されることになり、私も感情的になって「もう、やっていられない。やめてやる」と言って、コーチだった古沢に監督を任せて、辞表を出しました。ただ、このときは選手の保護者に救われました。保護者の方や、恩師の古沼先生が事態を聞きつけて解決に動いてくださって、大きな騒動になっては生徒が困惑するということで、学校からも一度サッカー部に戻るように言われました。それで2013年度は、コーチという立場で続けようということになり、新潟県大会を勝ち抜いて全国大会に出場しましたが、徳島市立高校(徳島)に1回戦で敗れました。今、GKコーチをしている亀井照太が3年生でした。その日の夜、私は恩師の古沼先生に「これで最後と決めていたので、3月まででで辞めさせていただきます」と伝えて、長岡に戻りました。

しかしこの後、古沼先生が「谷口が辞めると言っているぞ、どうなっているんだ」と帝京グループの関係者に伝えてくださったようで、周囲が私が辞めることを引き留めるような動きが生まれました。西田を含めて周囲の人間が、とにかく辞めるなと引き留めてくれました。

今でこそ感謝していますが、当時はとにかく「ふざけるな、辞めてやる」という気持ちしかありませんでした。ただ、時間が経って少しずつ気持ちも落ち着き、事の発端や経緯をすべて納得できるわけではないけど、自分が目上の学校関係者に対して失礼な態度を取ったことは事実なので謝罪をして受け入れてもらい、問題は解決に向かいました。

その後、監督に戻った方が良いのではないかという話もありましたが、自分の教え子である古沢にしんどい時期を任せておいて、彼を引きずりおろして自分がもう1回というのはやりたくないと思いました。それで、監督にはならないが、責任を取る立場には戻るということで、２０１６年度から総監督という肩書きになり、今に至ります。

私が高校生だった頃の帝京高校の体育科の先生でもある浅川節雄校長には、今でも「あのときは、どうもすいませんでした」と言うことがあります。浅川先生にしてみれば、教え子が自分の助けになってくれない状況は歯がゆかったでしょうし、私は私で甘えてしまったというか、もっとサッカー部の強化に理解をしてほしいとばかり思うようになってしまっていました。

この一件を経て、チームに対する思いは、格別なものになりました。本当に多くの人に助けていただいて、こんなにたくさんの人たちに支えてもらっているのだと知ることができました。学校と揉めているときは「辞めてやる！」などと言っていたのですが、今では死ぬまでこのチームに携わっていたいという思いを持っています。

新スローガン「心美しく勝つ」

学校との対立が落ち着いたのは、２０１５年でした。翌年から、私は総監督として、もう一度チームを束ねていく立場になるのですが、私も含めてスタッフみんなでもう一度覚悟を決めて出直そうと、新しく「心美しく勝つ」というスローガンを掲げるようにしました。

サッカー界で「美しく」というと、派手な足技やパスワークを用いたサッカーを表現するときに使われる言葉ですが、私はどちらかといえば、勝つサッカーが良いサッカーであって、美しくある必要などないという価値観の人間なので、サッカーのプレー面の話ではありません。

当時の私は、ただ勝ちたい、とにかく勝ちたい、その一心だけで周囲のことを考えずに突っ走っていました。しかし、その結果、自分では調子に乗っているつもりもなければ、優勝したわけでもない全国ベスト8という成績を鼻にかけたつもりもありませんでしたが、謙虚さを欠いたのだと思います。

この点で、私の恩師である古沼先生は、さすがでした。私が長岡に来て5年目、初めて高校選手権の新潟県大会を優勝して連絡をしたときに「いいか、間違ってもオレが勝たせたなんて言うんじゃないぞ。謙虚でなければダメだ。選手が思った以上に頑張ったと、それだけ言っておけばいい。余計なことを言うなよ」と言われたのは、よく覚えています。自宅に帰って1人になってから笑えと言われたくらいです。全国ベスト8になったら、その分だけ謙虚でいなければいけないのに、それを忘れて隙だらけになった私は、自分のことばかり考えていたため、歯車が狂ってしまいました。

ただ、この件から私は学び直しました。自分自身が好き勝手な行いをし、周りに迷惑をかけていると、たとえ勝ったとしても応援されなくなっていくということを知ったのです。特に長岡のような小さな町では、ちょっとでも言動が横柄になれば、身近な人に嫌われ、応援されなくなっていきます。身近なところが大事です。サッカーの活動が忙しくなると、ときには授業の受け持ちをほかの先生に変わっていただくということも出てきます。そんなとき、私が体育教務室にいる、ほかの先生方に応援していただけるような人間でなければいけません。人に応援されるような選手、チームになる。「心美しく勝つ」は、そのためのスローガンです。

ウソの「マイボール」はやめよう

そんなことを考えるようになったとき、ピッチ内のある行動が気になりました。サッカー界には「マリーシア」というブラジル発祥の言葉があります。ポルトガル語で「ずる賢さ」を意味します。例えば、ドリブルをしていて、相手が接触してきたとき、自分から倒れてファウルをアピールしてFKやPKを獲得すると「マリーシアを発揮した」と表現されることがあります。高校サッカーを見ていても、自分の足に当たってタッチラインを割ったのに、審判に「マイボール！」とアピールし、ずる賢さで優位に立とうとするプレーが見受けられます。自分が勝ちたいあまりに、レフェリーを欺く。このような行為をして勝ったチームは、本当に身近なところから応援してもらえるでしょうか。

　実は、昔からなのですが、グラウンドに唾を吐いたり、自分が水を飲んだペットボトルを無造作に投げたりする行為が嫌いでした。ただ、当時は自分の好みの問題で「嫌だな」と感じていただけなのですが、私と同じように嫌悪感を抱く人はいるはずです。こうした行為も、見てくれている人や身近な人に応援されなくなる要因になります。長岡に来た当時から選手には「良いサッカー選手になる前に、格好良い男前の人間になれ」と言っていましたが、サッカー以外でも堂々と胸を張って生きていける、その生き様が周囲から理解されたり、応援されたりするものであることが大切です。

　そこで、具体的には、ウソのマイボールアピールをやめようという話をしました。レフェリーを欺くのではなく、自分に当たってラインを割ったのなら「自分に当たって出たので、相手ボールです」とレフェリーが正しく裁けるように助けて、それでも試合には勝つ。そんなチーム、選手になろうと話をしました。ずる賢い人が勝つのではなく、ずる賢い相手にも正々堂々と勝つ。いわば「正義は勝つ」の精神です。この姿勢が長く浸透していけば、レフェリーや周りの人は「帝京長岡の選手がマイボールだと言ったぞ。あのチームはウソのアピールはしないから、本当に違いない」と理解してくれるのではないかと思っています。

　試合は、勝つか負けるかを競っているので、思わず熱くなり、納得できない判定に憤ることもあります。しかし、我々は、アマチュア。レフェリーや相手がいてくれて、初めて試合をできます。この環境に感謝しなければいけないということは、以前から選手にも言っていたのですが、それはなぜか、どうしていけば感謝を示していけるのか。それが分かるスローガンや行動を示そうと思い、言葉による発信と、具体的な行動を選手に示すことにしました。レフェリーが、私たちのボールだと言っているのに、相手ボールだと主張するのはおかしいかもしれませんし、そんなことをしても意味はないと思われるかもしれませんが、誠実であり続けることで、いつか報われることもあると考えています。

5カ年計画で再出発

CHAPTER 4

The important thing is to keep trying.

悔しいけど嬉しい「新潟県全体の底上げ」

2012年に小塚たちが初めて全国ベスト8になりましたが、同じ成績を挙げるまで、そこから6年もかかってしまいました。私と学校関係者の対立問題や、古沢への監督交代など内輪の問題があった時期ではありましたが、もっと飛躍しなければいけない時期だったと思っています。一方で、この頃から新潟県のライバルたちが「帝京長岡で全国ベスト8なら、自分たちも行ける」という目に変わってきたようにも感じていました。

新潟県のレベルを一つ上げられたのではないかと感じたのは、大桃海斗(AC長野パルセイロ)や小林拓夢(Y.S.C.C.横浜フットサル)が高校3年生だった2015年です。選手が揃い、良いサッカーができるチームだったのですが、それ以上に田中健二監督(当時)が率いていた新潟明訓高校が素晴らしいチームになっていました。中村亮太朗が3年生、関口正大が2年生(ともにヴァンフォーレ甲府)にいて、互いに手応えのあるチームでぶつかり合った年代です。残念ながら、インターハイも高校選手権も、新潟明訓に敗れて全国大会には行けませんでした。

私たちが2度目に全国ベスト8に入ったのは、谷内田哲平(栃木SC)たちが2年生だった2018年ですが、前年には、当時2年生のGK相澤ピーター・コアミ(ジェフユナイテッド千葉)を擁した日本文理高校が初出場だった全国高校選手権でベスト8になっています。私たちは次の19年に初めてのベスト4、20年に2年連続ベスト4となりましたが、19年の夏のインターハイでは、北越高校が優勝候補だった青森山田を破って全国ベスト8。この数年で、新潟県勢が3チームも全国8強以上を経験しました。

以前は、新潟県から全日本少年サッカー大会(現・JFA U－12サッカー選手権)でベスト4になるチームが出ても、その後の高校サッカーの成績に反映されることがないという状況でしたが、新潟県内で頑張っている3種(中学生年代)、4種(小学生年代)の指導者が撒いてきた種を生かせるようになってきたことは、とても良い傾向だと思います。

私が長岡へ来たときは、2014年にお亡くなりになった沢村哲郎先生が率いていた新潟工業高校が選手権で1度全国ベスト8に入っていましたが、新潟県勢が全国大会で勝ち上がることは珍しい時代でした。それに比べると、随分と状況が変わってきたと思います。ライバル校の躍進は、素直には喜べませんし、悔しい気持ちにもなります。一方で、みんなで高め合ってきた成果として、新潟県全体のレベルが上がってきたと感じられるのは、嬉しいことです。

近年は私立の方が良い成績を残していますが、新潟工業、新潟西、長岡向陵など公立校もいまだ熱量を失わずに上を目指しているので、私立校も一歩間違えばやられてしまう緊張感を持っています。

沢村先生は、新潟県サッカー協会の会長も務められた方で、よく「新潟県の高校サッカーを頼むぞ」と仰っていました。先生が元気なうちに県勢初の全国4強を見せたかったという思いがあります。この数年で新潟県勢が全国大会でも勝ち上がるようになり、日本の高校サッカー界における新潟県全体を見る目が変わってきていることは、大きなステップアップだと感じます。

展開を言い当てた、百戦錬磨の古沼先生

高校サッカー界には、いろいろな方がいて、本当に多くの刺激を受けています。新潟県内に限りませんし、同世代ばかりでもありません。一番最初に意識したのは、恩師の古沼先生です。

しかし、比べる相手がすごすぎて、私には、指導者としての才能がないなと思わされることばかりです。私は高校3年生のとき、全国高校選手権のベンチメンバーには入っていたので、主力選手とともにミーティングに参加していました。百戦錬磨の古沼先生は、未来に行って試合の映像を見てきたかのように、これから行うゲームがどういう展開になるのかを話しました。もちろん、複数の可能性が含まれてはいるのですが「今日は先制されるかもしれないけど、大丈夫だから我慢しろ。チャンスは来る。そこで決めれば、立て続けに点は取り返せる。だから、そのチャンスを逃すなよ」などと詳しく言われました。洗脳されているのではないかと思った

ほどですが、1回戦からの6試合すべてが、ほとんど言った通りになりました。

決勝戦は、四日市中央工業が相手。後に日本代表として活躍する中西永輔、小倉隆史、それに中田一三を加えた「四中工三羽烏」と呼ばれた注目選手を擁した優勝候補でした。結果は、引き分けて両校優勝でしたが、試合前に古沼先生から「負けなければ、優勝だ」としつこく言われました。当時は、決勝戦ではPK戦を行わないルール。決勝戦で負けたことのない古沼先生が、すごく強かった四中工に負けたくなかっただけではないかという気がしないでもないのですが、決して「引き分けでも良い」とは言わず「負けなければ、優勝だ。負けちゃダメ。点を取られなければ良い」と繰り返して言いました。決して守りには入らない、しかし守りは最優先という感覚がうまく刷り込まれました。そういう声掛けを聞いていて、勝負勘のすごい人だなと感じていました。

少なからず憧れた部分があり、指導者という立場になって、偉そうな態度を取る人間にはなりたくないと思いながらも「お前ら、いいか。サッカーというのはな……」と真似をするように言ってみた時期もあるのですが、からっきしダメでした。最近でこそ、長く高校サッカーを見させてもらった中で、分かってきたものはあります。でも、当時は、自分が言ったことの逆の現象ばかりが起きて「監督なんて、やっちゃいけなかったんじゃないか」と思うことが多々ありました。

光栄だった、偉大な先人との対戦

　古沼先生は、私が初めて全国大会に出た2000年の3年後に帝京高校の監督を勇退されました。その後も本校を含めて多くのチームにアドバイスをくださって、今も高校サッカーを支えておられますが、やはり自分が指導者になったときには、何とかして古沼先生が率いる帝京高校と対戦するところまで行きたいと思っていたものです。

　残念ながら、その思いはかないませんでしたが、もう1人の名将とは、2018年度の全国高校選手権で対戦することができました。長崎総合科学大学附属高校(長崎)を率いている小嶺忠敏先生です。日本のサッカーファンなら知らない人はいないと思いますが、島原商業で長崎県勢で初のインターハイ優勝、国見高校で戦後最多6回の全国高校選手権優勝を果たし、数多くのプロ選手を育ててきた方です。試合は2－1で勝つことができました。対戦できただけでも本当に嬉しかったです。

　帝京を強くした古沼先生がいて、国見、今は長崎総科大附属の小嶺先生がいて、習志野や流経大柏(ともに千葉)を強くした本田裕一郎先生(2020年から国士館高校テクニカルアドバイザー)がいて、市立船橋の布先生がいて……今は、その下の世代の青森山田の黒田先生や、大津高校(熊本)の平岡和徳先生がいます。みんながそれぞれに指導者の色を出して、ここから誰が、どのチームが突き抜けていくのかという時代ですし、こうして、高校のチームが切磋琢磨することは、組織がしっかりして環境面に優れるJユースに負けずに食らいついていくためにも必要なことだと思います。

Jユースの方が優れた面もあると思いますが、現場の指導者が即決できる高校のチームの方がタイムリーな変化が可能というメリットはあると思っています。日本では、何かと欧州を真似して学ぶ傾向がありますが、もしも日本代表が世界で結果を残したら、高校サッカー文化が世界のトレンドになる可能性もゼロではありません。いまや、青森山田は、Jユースもその強さから何かを学ぼうとする存在にもなってきています。本当に個性的な指導者が多く、大きな刺激を受けています。

驚異的な小嶺先生のバイタリティー

先ほど、小嶺先生と対戦できたという話をしましたが、実は、公式戦に限らなければ、その前に対戦したことがあります。初めて全国大会に出た翌年の2001年。3年生にMF柴崎晃誠、渡邉大剛、2年生にFW平山相太、MF兵藤慎剛、中村北斗ら後のプロ選手がそろっていた最強時代の国見高校が「国際ユースサッカーin新潟」という親善大会に来ていたのですが、小嶺先生が「物足りないから、どこか試合をやれるチームはないか」と仰って、本校に白羽の矢が立ちました。

急な練習試合だったので、私は予定がつかず同行できなかったのですが、当然のようにボコボコにやられました。後で選手に聞くと「ファウルをしなければ止められないと思って、後ろからユニホームをつかんだのに、振り払われて無駄でした。勝負になりませんでした」とがく然としていました。私たちのチームも前年に2年生で全国大会に出場した選手が残っていたのですが、まったく相手にならなかったようです。

それにしても、小嶺先生のバイタリティーには、本当に驚かされます。実は、長崎総附高と選手権で対戦したときも「明日、試合やってくれない?」と言われてビックリしました。私たちは勝ったので、中1日で迎える準々決勝に備えなければいけません。「メンバー外の選手でしか無理です」と言ったのですが「いいんだよ、いいんだよ」と言って、本校のBチームと公式戦の翌日に練習試合を行いました。

以前から「小嶺先生は、遠征に行くとただでは帰らない人」という噂は聞いていましたが、こういうことかと思いました。練習試合というのは、知り合いがいるチームに頼むことが多いのですが、こうして出かけてきたことを理由にいろいろなチームと対戦して、新たな刺激を得ているのだと思います。

その後も、小嶺先生は東京から長崎へ帰る間に、数チームと練習試合をしていったそうです。これは恒例になっているらしく、関西や広島辺りのチームの指導者は「そろそろ連絡が来るだろう」と予測できるそうです。日本一になったときの喜びを知っていて、あの感動をもう一度という気持ちが原動力なのでしょうか。今もまだ、そのエネルギーが衰えないことには、本当に驚きます。まだ、日本一の経験がない私には分からないものもあるのだろうと思います。

新たな刺激、技巧派の新リーグ「ＵＬＴＩＭＡ」

独自の理念を持っているチームや指導者は、多く存在します。２０２０年には「テクニックで魅了し、勝負を制するスタイルにこだわる高校のチームが、互いに競い合い、高め合うことで強化促進につながる」というテーマを持ったＵＬＴＩＭＡ（アルティマ）という名前のプライベートリーグが作られ、私たちも参加させてもらっています。

参加しているのは静岡学園高校（静岡）、興國高校（大阪）、昌平高校（埼玉）、尚志高校（福島）と、どこもプロ選手を何人も輩出していて、上手くて強いチームです。私たちは、彼らほど上手くも強くもないのに、面倒を見てくれたり、声をかけてくれたりしてもらっていて、ライバルというよりは、本当にありがたくて、刺激を受ける存在です。また、このリーグ戦で、ボロボロにやられるのに、その相手が各地の都道府県大会で負けることもあるので、各地に手強い指導者がたくさんいるなと思わされます。

静岡学園や市立船橋に見習いたい「代替わり」

ＵＬＴＩＭＡは、若い監督のチームが多いのですが、静岡学園は、井田勝通先生から川口修監督に代わっても、個人技を重視した指導を続けながら、また強くなってきています。こうして指導者が次の世代に変わっても、コンセプトを変えずに続けられるのは、すごいと思います。ＵＬＴＩＭＡの参加チームではありませんが、市立船橋は、布啓一郎監督、石渡靖之監督、朝岡隆蔵監督と3代続けて日本一を取っていて、今は、4代目の波多秀吾監督がチームを率いています。

どうしても指導者の世代が変わるとガタッと成績が落ちることが多いものです。時代に合わせたチームスタイルに挑戦することもあれば、チームに入ってくる選手の質が変わることもあります。指導体制が変わるときに、そうした時代の変化に、スムーズに適応するのは難しいのでしょう。

しかし、市立船橋は、いろいろな挑戦をしながらも、布先生が作った、まず勝負にこだわるという部分を引き継いだ指導者たちも大事にしていて、何があっても、そこだけはぶれない強さがあります。

そのまま真似することはできませんが、同じように引き継げるものを作るべきだとは思っています。本校は、今、私の教え子である古沢が監督をやっていますが、市立船橋を見習って、さらに次の世代にも続く土台を作っていきたいと思っています。そのために、自分のやるべきことは、先を考えながら、出過ぎず、続け過ぎず、適材適所に人がいるチームを作っていくことだと思っています。

西田を高校優先のスタッフへ変更

２０１２年に小塚たちが全国ベスト8になった後、高校選手権では、２０１３年度、16年度と全国大会に出ましたが、どちらも初戦で徳島市立高校にＰＫ戦で敗れて、躍進することはできませんでした。もう一度ベスト8に入れたのは、谷内田たちが2年生だった２０１８年度です。その間、すでにお伝えしたように私と学校関係者の対立問題などもありました。それが解決して落ち着き始めた２０１５年、私は再出発の計画を練りました。

中学生以下を対象とする長岡ＪＹＦＣを主体に指導していた西田に、高校の指導体制に明確に加わってもらうことにしました。それまでは、中学生の公式戦が優先ですから、西田が高校のチームを見るのは、平日の練習だけでした。西田を高校のスタッフに入れてしまうと長岡JYFCのテコ入れが必要になるのですが、とにかく、この再出発から5年で日本一という目標を掲げ、チームの全力をかけて臨むため、西田には高校を優先して見てもらうことにしました。翌2016年、私が総監督という立場になり、西田がコーチ、古沢が監督という3人を軸とした構成になりました。テクニカルな部分は西田、チーム戦術や選手のメンタルの部分は私が担当し、古沢を筆頭に若いスタッフが役割分担をしながら選手に近い立場に立って引っ張るという形で強化を進めました。

この計画を練った2015年、取材を受けた際にうっかり「5年以内に日本一を獲る」などと言ったところ、当時、中学2年生の谷内田をプリンスリーグ北信越で高校3年生と一緒に起用していたこともあって、谷内田たちの世代をターゲットにしていたように思われてしまったのですが、そういうわけではありません。指導体制を変えて5年以内というのが、正しいところです。

小塚世代以来の夏冬全国も集団胃腸炎に……

しかし、5カ年計画などと言っても、そんなに上手くはいかないものです。2年目の2016年度に小塚たちの世代以来4年ぶりにインターハイ、高校選手権の両大会で全国大会に出ることができましたが、どちらも初戦負け。冬の選手権は、選手が集団胃腸炎にかかってしまうという、とんでもない失態もありました。その年にプリンスリーグ北信越で2位になり、プレミアリーグ参入戦にも出ましたが、それも負けてしまいました。

3年目の翌2017年度は、谷内田、晴山岬（町田ゼルビア）、吉田晴稀（愛媛FC）ら力のある1年生が入学してきましたが、インターハイも選手権も全国大会に出られませんでした。しかし、継続した取り組みによって、機が熟してきていたのも事実でした。長岡JYFC、そして本校で西田がたたき込んできた技術、選手の特徴を最大限に発揮するために、スタッフが総力で指導にあたり、少しずつ成果が見えていました。

そして4年目の2018年度は、谷内田たちポテンシャルの高いルーキーが1年でしっかりと経験を積んで2年生で主軸に成長し、その力を認めながらもうまくふるまえる3年生がいて、非常にバランスの良いチームに仕上がりました。主将を務めた小泉善人（神奈川大）のキャラクターにも本当に助けられました。

西田の推薦選手が大活躍

この5カ年計画にあたって西田を高校のスタッフに加えたことで、選手起用に関しても新しい意見が出てきました。私と西田とでは、選手の評価基準が違います。私が思うに、西田は自身が一緒にプレーする前提、つまり選手目線で評価をしているように感じます。「こういう動き出しをできると、パスを出しやすい」、「こういう立ち方をしてくれるとボールを預けやすい」、あるいは「こういう蹴り方をしてくれると、動き出しやすい」といった、選手として一緒にプレーしてやりやすいかどうかが、一つの基準だと思います。もう一つは、やはり練習をメインで見ているので、練習への取り組み方も大事。いい加減なところを見せている選手は、評価されません。

2017年度のチームで中心だった安田光希（神奈川大）というボランチは、西田によって見出された選手でした。ボール扱いは確かに上手でしたが、私はプレーが遅いと感じていて、高くは評価していませんでした。しかし、彼が2年生の時に、西田が「安田は間違いないから、必ず起用した方が良い」と強く言ってきたので起用していたのですが、試合を重ねる毎に良くなっていき、最終的には歴代でもトップレベルのボランチになりました。

翌年のボランチも西田の推薦選手でした。FC五十嵐というクラブチーム出身の梨本夢斗

（拓殖大）。彼も西田が「絶対に良くなるから起用し続けるべきだと思う」と言ってきた選手でした。

正直に言うと、私は、梨本もスピードが足りないところが気になり、そこまで高く評価していませんでした。しかし、彼の成長によってチーム力は高まり、梨本は中盤の柱の一人、チームに欠かせない選手になってくれました。

また、この２０１８年度の主将を務めた小泉も、ちょっと気の弱いところが気になる選手でしたが、西田が絶対に信頼し続けた方が良いと強く推薦した選手でした。

谷口流の起用は、キラリと光る武器の活用

もちろん、西田の推薦で起用される選手がいる一方で、ほかのスタッフからの評価が低くても私の判断で起用した選手もいます。

私は試合を中心に担当しますので、キラリと光る武器に目が行きます。５カ年計画の４年目となる２０１８年度のチームにいたＦＷ冬至直人（立正大）は、ちょっといい加減なところがあり、ほかのスタッフは誰も評価しませんでしたが、私は起用を続けました。できないことに目が行きがちですが、ほかの選手にはない特長は、チームの武器となるので、できれば生かした

いと考えます。もちろん、欠点の方が大きく影響するようではいけないのですが。

そういえば、冬至は1年生のとき、高校選手権の前に、インフルエンザにかかってしまった
のですが、なぜか元気に「大丈夫です！」と言ってチームに参加しようとしていました。仲間を
全滅させるつもりだったのでしょうか……。

彼の場合は、とにかく身体的なポテンシャルが高いという魅力を持っていたことと、確かに
ちょっといい加減だなと思うところはあったのですが、根っこが腐っているような選手ではな
かったので、刺激の仕方や経験によって、欠けている部分が良くなれば、グンと成長できると
いう期待を持っていました。最終的に、2018年度の全国高校選手権1回戦、高知西高校（高
知）戦では点を取ってくれましたし、大学ではもっと良くなって、下級生から出場機会を得て
います。成長の機会を与えられたかなと思います。

思えば、2018年度のチームは、キャラクターの濃い選手が揃っていました。まったくの
余談ですが、同じく全国大会の初戦でアディショナルタイムに6点目を決めた磯貝飛那大（城
西大）は、元日本代表MF磯貝洋光さんの従兄弟です。磯貝さんは、私や西田にとって帝京高
校の大先輩。磯貝さんが「どうしても帝京長岡で預かってほしい。オレがお願いに行かないと
ダメかな。そっちに行くよ！」と仰ったので、「良い選手だと思うのでお預かりします」と言って、
本校に来ることになった選手です。決して「型破りで奔放な磯貝さんが来たら、何かと大変そ

*Rooting football culture
in the town of Nagaoka

うだ」と思ったわけではありません……。さすがに磯貝さんを彷彿とさせるような天才的なプレーというのはありませんでしたが、彼も良いキャラクターの選手でした。

主将の小泉がファインプレー、ついに鬼門のPK戦を勝つ

２０１８年度は、谷内田、晴山、吉田といった実力派の2年生がいた上で、個性的な3年生がチームを勢いに乗せたことで、2度目の全国ベスト8になることができました。初戦は、高知西高校に6－0で大勝しました。谷内田が先制点を奪い、晴山がハットトリック。ダメ押しで3年生の冬至、磯貝が得点しました。明確に力で上回っていると試合序盤で感じたので、先発以外の選手にも出場機会を与えてチームの勢いを作りたいと考え始めたのですが、あまりにも調子が良すぎて「自分の感覚は正しいか？　試合を見誤っていないか？」と不安が芽生え、試合の途中で西田に「これ、大丈夫だよね？　もう、大丈夫だよね？」と何回も確認したのを覚えています。

2回戦は、旭川実業高校（北海道）と対戦して2－2でPK戦になりました。このときが高校選手権の全国大会に6度目の出場で、過去5回中4回は初戦でPK戦負け。まったく、自慢ではありませんが、ギネス記録に残るのではないかと思っていたくらい、PK戦は鬼門でした。

このときは、4－4でサドンデスに突入してからが長かったです。

最終的にPK戦17－16という大激戦で勝つのですが、13人目のキッカーとなった丸山喬大（日本大）が止められてしまいました。実は、このとき、相手の12人目のキッカーがシュート後に足をつって動けなくなってしまったのですが、ハーフウェーラインまで選手が戻らないとプレーを再開できないという理由で、丸山はずっとプレーを待たされ、助走を2度もやり直すことになってリズムを狂わされて、相手GKに止められてしまいました。その直後、GK猪越優惟（中央大）が止めて追いついてくれたのですが、18人目の長渡彗汰（亜細亜大）のときに、また相手の選手が足をつってしまいました。このときに、主将の小泉がファインプレーをしてくれました。長渡を一度ハーフウェーラインのところに戻ってこさせて、リズムを取り直させたのです。

結果的に19人目で決着がつき、私たちがPK戦17－16で勝ったのですが、小泉の判断はファインプレーでした。先ほど、ベスト8まで勝ち上がったのは3年生の力が大きかったという話をしましたが、2年生の上手さだけでなく、こういうところでも3年生がチームを助けていたのです。

指導者の準備不足が招いた敗戦

3回戦は、小嶺忠敏先生が率いる長崎総合科学大学附属高校に2－1で逆転勝ちをしましたが、準々決勝では2年生だった染野唯月選手(鹿島アントラーズ)がいた尚志高校に負けてしまいました。このときは、私の指導力不足を痛感しました。

私たちが北信越で、向こうは東北と地域リーグは異なりますが、新潟と福島は隣県です。大会前、尚志がプレミアリーグ参入戦に臨む前に、練習試合をしたいと言ってくださり、福島県のJヴィレッジまで行って試合をしました。ともに主力が何人かいませんでしたが、私たちがボールを支配して、向志が鋭いカウンターを繰り出す、良い勝負でした。

全国大会の準々決勝で再戦できることになり、私はまた楽しい勝負ができるに違いないと思っていたのですが、尚志の仲村浩二監督は、きっちりと対策を打ってきました。守備陣の主力を負傷で欠いていたこともあり、こちらの中盤の軸だった2年生の谷内田にマンマークをつけてきたのです。

完全に、予想外でした。私は、選手から報告を受けても信じられず、左サイドMFだった谷内田に「右の選手と代わってみろ」と言いましたが、マークをしていた相手は、逆サイドまでピタリと付いてきました。Jヴィレッジでの練習試合は、相手にしてみれば、思っていたよりボー

準々決勝・尚志戦、谷内田がマンマークされ、思うような攻撃が出来ずに敗戦。
私の準備不足が招いた結果だった

ルを持たれたという見方だったようで、こちらの良さを消す戦いを仕掛けてきました。

指揮を執る人間が、最後の最後までいろいろな展開を考え抜いて、対応を考えて臨まなければ、相手の策を上回ることはできません。当時の私は「尚志なら知っている相手。こうなるに違いない」とイメージを更新しないまま臨んでしまい、相手の新たな策にはまってしまったのです。

結果的に、守備を固めてきた尚志を崩すことができず、こちらが攻撃のビルドアップでパスミスをしたところからショートカウンターを決められて敗れました。私たちの選手の軽率なミスで敗れた試合に見えたかもしれません。でも、そうではありません。それよりも前に、私の愚かな準備不足があって負けたのです。

ものすごい歯がゆさを感じました。試合に負けてから『最後のロッカールーム』で「自分のせいです」と言ったって、どうにもなりません。「ベスト8とベスト4では雲泥の差だぞ」と選手に言っている自分自身がこんなに愚かでどうするのか、自分は何をやっていたんだという苛立ちは、大会が終わってもしばらく消えませんでした。

これが、5カ年計画の4年目です。もちろん、目標は優勝でしたから、ベスト8までしか行けなかったという残念な思いはありました。一方、5カ年計画で3年間は成績が付いてこなかったので、もう間に合わないのではないかとプレッシャーを感じていたところもあり、選手の頑張りによって「いや、このやり方で間違っていない」と思わせてもらえた部分も大きくありました。結果として勝つことによって、スタッフ側も少しずつ自信を持てる部分はありました。

Rooting football culture
in the town of Nagaoka
Someday I want to create a team
like Athletic Bilbao.

全国4強の谷内田世代は
黄金世代にあらず

CHAPTER

5

The important thing is to keep trying.

年間無敗を目指すも、夏の全国を逃す

5カ年計画の最後の年は、私たちも気合いが入っていました。前年度に高校選手権で全国ベスト8。その主軸がほとんど残っていたのですから、1年間無敗で行く気持ちでした。ところが、プリンスリーグ北信越の初戦は、GK猪越のミスで敗戦。第2節も、谷内田が卒業後に加入することになる京都サンガの練習参加で不在だったためか攻撃が機能せず、2連敗。どうなることかと思いました。

第3節で勝ってからは、ほぼ負けなしで進められて立て直しに成功したと思ったのですが、インターハイ予選の準決勝で日本文理高校にPK戦で敗れてしまいました。前半で2点をリードされましたが、後半で追いついて、延長前半に谷内田の素晴らしいスルーパスからエースの晴山がゴールを決めるなど逆転に成功。延長後半は、相手陣内の深いところでパス回しのボールキープを始めて相手を翻弄していました。後にして思えば、このとき、もっと勝負に徹するべきだったのですが、私もそうしたプレーを受け入れてしまっていました。すると、試合終了1分前にマイボールのスローインからボールを奪われてカウンターを受けて同点にされてしまいました。

翌日が決勝戦で、足を痛めた守備の要の吉田晴稀を、もう大丈夫だろうと交代させてしまっ

たのも失敗でした。ＰＫ戦は、練習で取ったデータで成功率の高い選手をラインナップして臨みましたが、練習では1本も外さなかった選手がポストに当ててしまい、ＰＫ戦3－5で負けました。夏までは、かなり苦しんだというか、苦いシーズンになっていました。

夏の敗戦から変わった谷内田のリーダーシップ

前年度のベスト8の先へ本当に進めるのだろうかという不安は、ありました。しかし、インターハイで全国大会出場を逃したことで、選手たちもこのままではいけないという姿勢を強めてくれました。

主将を務めた谷内田が、メンタル面で仲間に指摘をするようになり、チームが引き締まっていきました。谷内田は下級生の頃から中心選手だったので、プレー面での指示はよく出していましたが、それ以外のコーチングが増えたのは、この頃でした。チームを勝たせるためにやらなければいけないことがあると気付いたのでしょう。

もしかすると、それが理由で自分のプレーの向上に集中しきれなかったところもあったでしょうし、パフォーマンスを上げきれないジレンマも抱えたのではないかと思います。冬に向けて、谷内田のパフォーマンスが上がっていないと感じていました。彼自身もそれは分かっていたと思いますし、ずっと呼ばれていた世代別日本代表にも呼ばれなくなり、入れ替わるようにチームメイトの晴山が代表に呼ばれて活躍したのも、悔しく感じた部分があったと思います。

結果的に、2年生の時は大会優秀選手に入っていたのに、3年生では入れませんでした。しかし、このチームが勝ち上がれたのは、間違いなく谷内田が主将として引っ張ったからであって、彼はこの1年で人間的に大きく成長したように感じました。

闘将も知将もいた個性派集団

この年のチームは、プロに進んだ3人だけでなく、FW矢尾板岳斗(中央大)、MF田中克幸(明治大)、DF丸山喬大といった、サッカーに対して真摯でありながら、個性のある選手たちが本当に仲良く頑張っていた世代で、谷内田が引っ張って仲間が一緒に付いていくことで、引き上げられていったと思います。

プロに進んだ谷内田、晴山、吉田の3人は別の項で触れていますが、この世代はほかも個性派揃いでした。中でも、丸山のキャラクターには助けられました。一般的に、いくつかのジュニアユースチームから選手が来るようになると、その仲間で集まってグループに分かれるようなところがあるものです。当然、本校の場合は、長岡ＪＹＦＣ出身者が多く、この世代は谷内田や吉田のように下級生の頃から主軸になった選手も多いため、ほかのチームの出身者が遠慮してしまう可能性がありました。丸山は、新潟トレジャーというチームから自分で希望して来てくれたのですが、誰がどこの出身かなんてことは、まったく無視をして接しますし、長岡ＪＹＦＣ出身でプレー面で実力がある選手に対しても、一切遠慮なしに真っ向から意見を言える選手で本当にチームを助けてくれました。

また、ちょっと変わった進路を進んでいる選手もいます。左サイドをやっていた本田翔英です。オランダでプロクラブからオ

DF丸山喬大は気後れせずに誰に対しても意見を言える、チームに欠かせない選手だった

ファーを受けましたが、最終的に米国のカルフォルニア大バークレー校に進学して、米国で勉強とサッカーを両立しています。彼は、これまでのOBの中でも飛び抜けて頭の良い生徒でした。プレー面では、体格が良くてスピードとパワーがあり、足下の技術も決して下手ではなく、とても重宝した選手です。彼がいると非常に助かるので、私は手薄なポジションに彼を起用しました。しかし、彼は攻撃が好きで前のポジションが希望です。そこで「チームが勝つために、お前がこのポジションをやってくれないとダメなんだ」と説得すると「分かりました」と言ってやってくれるのですが、4バックの左で数試合続けて使っていると「いつまでやらせるんですか」という顔をしてきて、大人の足元を見てくる賢い奴だなと思ったこともありました。

プレミア参入戦の大敗で攻撃貫徹の覚悟を決める

ちょっと話がそれましたが、チームの話に戻ります。冬の選手権は、晴山がU−18日本代表に呼ばれたために、県大会のスケジュールが変更されて、準決勝から決勝まで長く空く日程になって嫌だったのですが、決勝戦は晴山が取った虎の子の1点で勝ち切って2年連続の全国出場を決めることができました。

このチームは、前年度の成績から期待をされていましたが、振り返ってみれば、紆余曲折がありました。冬もそのまま勢いをつけていったわけではありません。全国大会の前に臨んだ3度目のプレミアリーグ参入挑戦で、横浜F・マリノスユースに1－4と完敗しました。どうしても、国内最高峰のプレミアリーグに昇格したく、関東でも屈指の強さを誇る相手をリスペクトし過ぎて、すごく守備的な布陣で臨んでしまいました。

5年計画で積み上げてきたのは、ボールを支配する攻撃だったにも関わらず、守れるチームでもないのに守りに入ってしまったのです。運よく相手のミスから先制できたのですが、その後のゲームプランに迷いが出て選手が戸惑ってしまい、相手の好きなようにやられてしまいました。連続失点をしてからもう一度攻撃に出ようと思いましたが、もう試合のリズムが崩れてしまっていてギアを上げようと思っても上がりませんでした。

スタッフに相談しなかった、谷内田の交代

プレミアリーグ参入戦の敗退は、練習で積み上げていないことを選手に求めた私たちスタッフの失敗でした。しかし、この敗戦によって、高校選手権では絶対に攻めていくぞという方針を固めることができました。初戦の2回戦で熊本国府高校（熊本）に3－0、3回戦で神戸弘陵高校（兵庫）に5－0と順調に勝ち上がりました。

ただ、3回戦は終わってみれば大勝でしたが、前半は0－0。私は、ハーフタイムで主将の谷内田を交代させました。彼が自分のことに集中したいのを我慢して、チームのことを考えて行動してくれていることは、強く感じていました。しかし、プレー内容が悪い選手をピッチには置いておけません。谷内田には、このシーズンで何度も「悪かったら代えるぞ」ということは伝えていました。

しかし、チームの主軸であることは間違いなく、チームメイトはもちろん、ほかのスタッフからの評価も高い選手です。彼を外す決断は、簡単ではありませんでした。例えば、私とは違う考え方を持つ西田は、少しパフォーマンスが落ちていても起用し続けることで成長が期待できると考えていました。主将としての重責があり、パフォーマンスが多少落ちることはあり得るが、重要度は変わらないという考え方です。しかし、私は、主将だからこそもっと良いパフォーマンスでなければいけないし、できないなら外れるべきだと考えていました。

ですから、普段は、スタッフに「どう思う？」と意見を聞いてみるのですが、このときは、聞けば必ず西田に反対されると分かっていたので、監督の古沢にこそっと交代するように告げました。後半に5点取って勝ったから良かったのですが、あれで負けていたら大変でした。

優勝候補の青森山田との準決勝は負けてしまったが、未来に引き継げる好ゲームだった

「勝たせられなくて、すいませんでした」

谷内田の交代劇があった3回戦を勝った後、準々決勝は谷内田の得点で仙台育英学園高校（宮城）に1－0と攻め勝って、初めて準決勝に進むことができました。準決勝の相手は、優勝候補筆頭の青森山田高校でしたが、この試合も引いて守ることなく、自分たちの良さをぶつけに行きました。相手の1トップには、守備で一番対人が強い吉田、浦和に加入が内定していたMF武田英寿選手（FC琉球）にはDF丸山がつくという形で任せ、人数を余らせて守ろうとはせず、ボールを奪って攻撃で上回ろうという試合ができました。

結果的には1－2で負けてしまいましたが、選手たちは「あのゲームが一番楽しかった」と言っていました。もちろん、試合に負けてとても悔しかったです。5カ年計画を立てたときにメディアに言ってしまったので、彼らもその最終年だったことは知っていて、ここで日本一にならないと先生が嘘つきになる、というような気持ちも重ねて取り組んでくれているというのを、いろいろな場面で感じていました。それだけに、選手があれだけ素晴らしいパフォーマンスをしたのに勝たせてあげられなかったことは不甲斐なく、試合後のロッカールームでは選手に「勝たせられなくて、すいませんでした」と謝りました。

ただ、少し不思議な感覚になった大会でもありました。負けたのに楽しかったとか、良かったなんていうのは、25年間の指導歴の中で「ありません」と言わなければいけないところだと思っているのですが、勝っても選手が納得しないゲームもあるでしょうし、やっていた選手が楽しかったと言うのであれば、負けた試合でも悪くないところがあるのかなとも思いました。負けたけど自分たちの勝負を貫けた、本当に未来に引き継げるゲームだったのかもしれません。

エースの晴山が外したなら仕方がない

あの試合が終わった後、選手があれだけ頑張ったのに結果が付いてこなかったのは、なぜなのかと考えました。サッカーは、バスケットボールとは違い、それほど多くの点を得られるゲームではありません。

相手に決められた先制点のヘディングシュート（後ろに戻りながらのコントロールシュートがクロスバーに当たってゴールイン）は、うちの選手では決められなかったと思います。身体能力も技術も必要な高度なプレーでした。相手の2点目は、中盤でボールを奪われた後、背後を取られたプレーでしたが、きっと相手が逆の立場なら、最後の最後、ゴール前でボールをかきだす守備ができたのではないかと思います。

切り取った部分かもしれませんが、両ゴール前のプレーで、日ごろから積み上げてきたものの差だったのかもしれないと思います。それ以外の、例えば中盤では、私たちが積み上げてきたものが上回って、見ている人にワクワクしてもらえた部分もあったと思います。

その中で、田中克幸が決めたシュートは、相手がプレッシャーをかけられないようなドリブルで1人で持ち込んで決めたもので、スーパープレーだったと思います。エースの晴山に2本も決定機があったので「あれを決めていれば」という見方もできるとは思いますけど、もう晴山で決められないなら、うちのほかの選手では決められないので、一番点を取ってきた晴山が外したなら、それは仕方がないと思っています。

他競技でも大一番の難しさを痛感

それにしても、頂点を取るためには、選手がいつもどおりのパフォーマンスを発揮できなくなっても、何とかしなければならないのだと思い、本当に勝たせることの難しさは感じます。今年(21年)、本校の男子バスケットボール部が似たような現象に苦しみました。インターハイで全国大会の決勝まで進んだのですが、普段なら余裕で入る、フリーで打つアウトサイドからのシュートがまったく入らない状況になってしまいました。フリーで打てているのですから、戦術面では成功しているはずなのに、入らないのですから、どうにもしようがありません。何か悪いものにとりつかれてしまったかのようにシュートを外し続け、37－54という超ロースコアゲームに持ち込まれて負けてしまいました。

私たちは朝練習で体育館を借りていることもあり、バスケ部が本当によく練習していることを知っています。ディフェンスもハードに頑張ります。それで攻撃が戦術的に機能するところまで持っていっても、そんなことが起きました。

本当にてっぺんを取るためには、そういう壁さえも乗り越えなければいけないと考えると、やっぱり、普通ではダメなのだなと思います。近年、高校サッカーでは青森山田が群を抜いた強さを示していますが、彼らも強いと言われながらベスト8にも入れずに負け続けていた時期がありました。しかし、その中で、不思議な負け方の中から、何かを考え、積み上げてきたから今の強さがあるのだと思います。

祝勝会は優勝してからだ、何が足りないか洗い出せ！

私たちは、青森山田と同じ道を歩むわけではないので、我々のスタイルの中で磨いていくことになりますが、ああいうチームに負けないものを作り上げていかなければなりません。新潟県勢として初めての全国ベスト4だったので、地元では祝勝会をしようとか、新潟県サッカー協会の納会でちょっと講演をしてほしいだとか、メディア出演の話だとか、いろいろなことが聞こえてきましたが、私たちは目標を達成していないという事実から目を背けてはいけませんし、背けるような気持ちにもなりませんでした。

このタイミングで大事なことは、負けた試合から学ぶことでした。負けたその日にスタッフ全員で集まって、今、考えていることを具現化していかないと、絶対に優勝できない。そう思い、感じていることを全員が話して書き残そうと言って、延々と長いミーティングをしました。

繰り返しますが、全国大会でベスト4になりましたが、目標だった優勝を成し遂げたわけではありません。ですから、この世代を最高だと思ってはいけません。黄金世代などとは、口が裂けても言いたくないと思っています。このチームでできたことは、今後のベースにしなければいけません。そして、この世代を超える未来を作ろうと言っています。ですから、谷内田たちは黄金世代ではなく、スタンダード世代としていかなければならないのです。

「克己復礼」+「心美しく勝つ」+アルファへ

谷内田たちの世代をスタンダードとする、というのは、表面的にはサッカーのテクニカルな部分になりますが、そればかりではありません。この世代は「克己復礼」と「心美しく勝つ」というスローガンで取り組んできました。

高校サッカーらしくハードワークをする部分も厭わずにトレーニングをしてきましたし、当たり前ではありますが、普段の生活の中でチームの規律や学校の決まりを守るといったことも実直に取り組んできました。応援してくださる人への感謝もそうです。スクイズボトルを乱暴に投げない、トレーニングシャツやユニホームをパンツから出したままにしないとか、試合が終わったら、まずレフェリーに挨拶をすること、絶対にクレームを言わないとか、そういう姿勢の部分も今後の基準になります。

谷内田は、下級生の頃は率先してレフェリーに文句を言ってしまう選手でしたが、3年生になる頃には、思わずジェスチャーが出てしまう程度になって、理解して取り組んでいました。そういう当たり前のことを当たり前にできるようになって、ようやく、ここ、ベスト4なんだということです。

そこから積み上げるものをまた、みんなで考えていかなくてはいけませんが、土台がなければ、積み上げることはできません。5カ年計画といって5年で日本一には到達できませんでしたけど、じゃあ、もう5年かけてでも、もう1回本気で日本一を目指そうということを大会後のスタッフミーティングでは話しました。別に5年にこだわるわけではないのですが、それくらいのスパンを見据えて進み続けようという意味です。ですから、これからも「克己復礼」とともに「心美しく勝つ」というスローガンを掲げてやっていきたいと思います。

古沢監督に委ねた20年シーズン

前年度の谷内田たちが全国ベスト4で頂点には届かず、私はサッカー部専用寮や食堂といった新たな環境整備のために時間を費やすようになったため、20年度は、シーズンの前半となる夏までは、監督の古沢に選手起用や戦術といった私が関わっていたパートを完全に任せることにしました。

しかし、私が慣れない業務に時間がかかったことや、コロナ禍で夏のインターハイがなくなってしまったこと、古沢がしっかりとチームを束ねていっている状況を考えると、本当によくチームを引っ張ってくれていたので、途中から「あとは、オレがやるよ」なんていうのは違うなと感じました。それで、古沢に「やれるか？」と言ったら、自信を持って堂々と「やります」と言ったので、このシーズンは、そのまま最後まで古沢に任せて、私はサポートに回ることにしました。

古沢は、食事の時に、たまに「セットプレーは、ゾーンがいいですかね」といったことをに聞いてくる程度で、ほとんど私には聞かず、しっかりと自分で考えてチーム作りを進めていきました。もしも「あの選手を使った方がいいと思いますか」とか「明日の試合は、どうしたらいいですかね」などといちいち聞かれていたら、任せていて大丈夫かと不安になりますが、堂々としたものでした。

一方、私もグラウンドで見ていると、口出ししたくなってしまうので、選手権が近くになった時期は特に、なるべくグラウンドに近寄らずに「お前に任せているぞ」と示していたつもりでした。

ただ、やはり新潟県を勝ち続けなければいけないというプレッシャーは、重いです。試合が近づくと、古沢がピリピリし始めて、私は選手よりも古沢をなだめる方が大変でした。

尽きない不安を乗り越えていった力強さ

それで、監督の方は心配は要らなかったのですが、選手の方に最初は不安がありました(これが次の年になれば楽になるかというと、毎年、そのシーズンが一番厳しいと思うものなのですが)。

選手には申し訳ないのですが、正直に言えば、このシーズンは戦力的にきついかもしれないという部分がありました。谷内田や晴山、吉田をスタンダードとして考えるなら、少なくとも技術や身体能力の面では、そのレベルにたどり着いていなかったと思います。しかし、日々の生活やトレーニング、試合で選手が見せていた熱量は、本当にすごかったです。選手がひざから崩れ落ちてもおかしくないと思うくらいの厳しいトレーニングもありましたし、一歩引いて見る形になった私は「こんなに厳しくて、選手が1年耐えられるだろうか」と不安に思いましたが、古沢隊長の下、選手が本当に頑張って食らいついていきました。

プリンスリーグ北信越は、4試合負けなし。順位決定戦は、丸岡高校にPK戦で負けてチャンピオンにはなれませんでしたが、試合内容も決して悪くありませんでした。不安材料だったGKも1年生の佐藤安悟が飄々とやっていて、目途が立ってきました。最終ラインが下級生ばかりで不安だなとも思いましたが、試合ごとに粘り強くなっていきました。

前年度が手ごたえのあるチームだったので、どうしても比較してしまって、ストライカー、ゲームメーカーの部分は物足りなさを感じましたが、本当に走る、戦うという部分では良いものを築き上げられているなと思いました。新潟県大会をこれで切り抜けられるのか、全国で戦うことを考えてこのレベルで大丈夫かと不安は尽きませんでしたが、本当によくやってくれていました。

つなぐ攻撃を放棄しかけた北越戦が、ターニングポイント

唯一、新潟県大会の準決勝、北越高校との試合だけは、前に蹴るばかりで、積み上げてきたはずの攻撃が見られませんでした。我々の選手の方が経験値が高かったことや、相手が私たちに苦手意識を持っていたことによって救われたゲームです。

確かに、北越には力がありましたし、彼らが全国大会に出ても十分に戦えたと思います。辛くもPK戦で勝ちましたが、あの試合の戦い方だけはダメだと思いました。試合後のスタッフミーティングでは、みんなに意見を言ってもらい「仕方がなかったと思います」という声が多かったのですが、あんな戦い方で負けてしまっていたら、積み上げるものがありません。古沢には「こんな戦い方で、結果も伴っていなかったら、もう辞めろと言ったかもしれない。ミス

に怯えてボールを蹴ってしまって、勝ったこと以外の収穫がないだろう」と告げました。まあ、古沢を辞めさせる場合は、私も辞めることになりますし、私自身もダメだということですが……。

しかし、この試合が、このチームのターニングポイントになりました。やはり、どんなチームも勘違いをしたり、自信を失ったりと揺れる時期があり、それを見直して覚悟が固まるタイミングというのがあります。積み上げてきたものを一瞬、放棄しそうになった瞬間でしたが、この試合の反省を踏まえて、その後は逃げずにもう一度積み上げたもので勝負する姿勢を取り戻してくれました。

自分のチームに胸を熱く打たれた

新潟県大会の準決勝で北越高校に苦しみながらも勝つことができ、パスをしっかりとつないでいく攻撃を放棄しかけてしまったという反省も踏まえ、決勝戦では吹っ切れて特長を出すことができました。そして、選手権前には、優勝候補の筆頭であり、昨年の選手権で敗れた相手である青森山田と練習試合をして0－7で大敗するという悔しさを味わいましたが、選手たちはその経験も「全国大会でもう一度、青森山田と戦う」と言って頑張るエネルギーに変えていきました。

古沢監督の下、すごく戦えるチームに鍛えられ、なおかつ技術で戦う部分でも勇気をもって挑めるチームに成長していき、彼らは選手権で再び勝ち上がっていきました。準決勝は、前年度の成績を超える挑戦となる一戦でした。試合前のロッカールームで、古沢が選手たちに「この日のためにやって来たんだぞ！」と言ったときには、自分たちのチームなのに、胸を熱く打たれました。

本当に、谷内田たちの世代が残してくれたものが大きく、それを絶対にスタンダードにする、超えに行くという古沢の諦めない姿勢と、付いていって成長した選手たちの姿がそこにあり、絶対に今後のチームにも必要な姿勢だと感じましたし、本当に彼らに勉強させてもらった1年になりました。

古沢に任せて鍛えられたチームが、私の想像を超えて立派になって、ベスト4まで進んだことは、本当に嬉しかったですし、大きなインパクトがありました。もう私は別の役目を探す時期が来ているのかもしれない、もう全部任せた方がいいのかもしれないとも思いました。もう少し私も関わりながら、融合しながら、進んでいこうとは思うのですが、任せる選択肢が増えたのは間違いありません。今後に向けて、光が射したと感じました。

結果的には、5カ年計画が終わって再始動だったのに、1年目で2年連続の全国ベスト4となりました。この効果は大きいと思います。後に続く下級生たちは「5年後には日本一」ではなく本気で「来年こそ日本一」と取り組み続けられるからです。我々は最初からそのつもりで、スタッフも同じ陣容のまま次の5年に取り組むことにしたのですが、彼らがもう一度全国ベスト4になったことで、5カ年計画がやり直しになるのではなく、6年計画、7年計画に少し伸びただけで積み上げて続けていくという感覚を、選手たちも持てたのではないかと思います。

廣井蘭人の抜てきも古沢采配

谷内田が卒業した翌年の20年度には2年連続で全国ベスト4になりましたが、このときに活躍した1年生MF廣井蘭人は、監督の古沢の判断で起用されました。この年は、選手起用や采配を含めて古沢に任せましたが、正直に言えば、私は廣井はまだ起用するべきではないと思っていました。上手な選手ですが、足りない部分も多いからです。しかし、彼はあの大会で経験を得ることで、成長のきっかけをつかんだと思います。

準々決勝の市立船橋との対戦で、1年生の笠井冠晟をセンターバックで起用していたのにも驚きました。確かに伸びしろのある選手だと思って私も期待していますが、ここで起用して大丈夫だろうか、欠点の方が目立つ展開にならないだろうかと不安でした。さすがに終盤に押し

古沢監督によって1年生のときに抜てきされた廣井蘭人は
今では世代別の日本代表候補に選ばれるまでに成長した

込まれ始めたときは、古沢に「やられる前に代えないとまずい」と言ってしまいましたが、古沢の采配によって2年連続ベスト4という結果を残したことで、選手も貴重な経験を得られました。

もちろん、選手起用は、チームの状況によっても判断基準が変わるものなので、選手個人に対する評価だけでは決まりません。組み合わせの問題も出てきます。例えば、もっと、どんな相手に対しても圧倒的にボールを保持して主導権を握れるチームになったのであれば、欠点があっても技術の高い選手を今よりも多く起用することもできるかもしれませんが、それでは負けてしまうだろうと考えて上手だけど身体能力は低いという選手を2人同時には使えないなと考えることも多々あります。

いずれにせよ、最終的には、総監督として責任を持って判断をしますが、やはり、一人では分からないことも多いので、普段から学校生活やグラウンドの練習で選手をよく見ているスタッフの意見も絶対に無視してはいけないと思っています。相違する意見を聞き入れるときは「本当かよ……」と納得しきれない部分もあるのですが、実際に、西田の意見によって輝いた選手もいるので、そういう可能性を認めて起用してみるということも大事だなと思っています。

次世代を継ぐ古沢監督への期待

現在、監督を務めている古沢は、私の教え子です。これまで、試合での選手起用や采配は私が中心に行っていましたが、20年度は彼に任せて、初めての2年連続全国ベスト4という成績を残しました。私ならやらないと思う選手起用もあり、彼でなければたどり着けない成績だったと思っています。

大会が終わってから数カ月、西田と話をするたびに「あいつ、すごいな。このチームで、ここまで勝つのか。オレたちじゃ無理だったな」と言い合っていました。前年度の谷内田のような技術の高い選手がいなくて主導権を握るサッカーは難しかったのに、チームを鍛え上げ、守備を重視する中で、攻撃では今まで通りの技術やアイデアを生かしていくというスタイルを作

しっかりと自分の考えをもって指導している古沢監督には貪欲に上を目指して進んでほしい

り上げたのは、見事でした。

今は、指導者には見られている緊張感と、任されている充実感や責任感が必要だと思って接しているつもりです。普段から、古沢がグラウンドで選手に対して行う指導に関しては、その場で口出しをすることはしませんし、もちろん選手の前で呼び捨てにすることもなく、尊重しています。

ただ古沢は、私の教え子なので、総監督と監督という立場でもまだ、私が教えるような立場で話をすることがあります。大体は、ほかのスタッフに忠告することが多いのですが、ときには、古沢に説教をしてしまうこともあります。しかし、古沢は、そういうときでも、他人の話を本当に自分の力に変えて、また自分で考えてやり始めることができて、スムーズにリスタートを切れます。

そういう姿勢を見ていると、私が偉そうに言うのは失礼ですが、指導者としての伸びしろは、まだまだあるのだろうなと思います。しっかりと自分の考えを持っていますし、貪欲に上を目指して立ち止まることなく進んでほしいです。そうすれば、私なんかよりももっと高いレベルに行く可能性があると思って期待しています。

同じ人間は要らない

古沢は、高校を卒業して帝京大学に進んだ後も、チームの手伝いをしてくれました。大学生なのだから友だちと遊びに行きたい日もあったのではないかと思います。最初は暇だったり、サッカーが好きだったりというのが理由で来てくれるのかなと思っていましたが、彼は休みの度に長岡へ帰ってきました。

当時は、今よりもチームが弱く、私はどうすればチームが強くなるかということしか頭になく、スタッフの成長まで考えることはできていませんでした。雑務を含めて、チームに必要な仕事をやってもらっていたという感覚でしたが、彼が大学卒業を控えた時期、本気で帝京長岡の指導をしたいと言うので、一緒にやっていこう、次の世代は彼に任せようと腹をくくりました。まだ指導者を目指すOBがたくさんいたわけでもありませんでしたし、自分の右腕となってやってくれるような存在もいませんでした。彼を採用するべきか否かと考えたときには、前者しかあり得ないと思い、学校関係者に頼みに行きました。

本当は、古沢に監督を任せる前に、一度くらいは日本一になって……と考えていたのですが、私が至らずに、苦しい状況で彼に監督の座を譲ることになりましたが、よくやってくれていると思います。古沢には若くして監督になってもらいましたが、私も若くて経験がないまま監督をやったくらいなので、大丈夫だと思っていました。私が20代で監督をやらせてもらって多くのことを学んだので、彼にも同じように経験してもらいたいと思いました。もちろん、失敗すると思いますが、挑戦せずに失敗するよりも、挑戦して失敗した方が良いです。

一つ心配しているのは、彼がほかのチームで指導した経験がなく、このチームの指導しかしていないことです。そうすると、どうしても私の真似になりがちです。自分の考えと違う場合は不安を感じる部分が確かにありますが、一方で私とまったく同じ考えの人間なら、要らないとも思っています。ですから、古沢にはよく「オレと同じにはなるな。オレと同じじゃダメだ」とも言っています。1つのチームに同じ人間が2人いても仕方がありません。

私個人の希望としては、古沢には、外の世界を見るという意味でも、S級ライセンスを取得してもらって、そのあとですべてを任せたいと思っています。そして、このチームが長く前進していくためには、古沢とともに、さらに下の世代の若い指導者も準備していかなくてはいけません。教え子である古沢が、卒業後に指導者として私のところに帰って来てくれたように、次は、私のところではなく、古沢のところに帰って来てくれる選手が出てきて、古沢と一緒にやっていってほしいと願っています。

*Rooting football culture
in the town of Nagaoka
Someday I want to create a team
like Athletic Bilbao.*

Jリーガー OBとの思い出

CHAPTER

6

The important thing is to keep trying.

予想外の活躍？　初のJリーガー酒井宣福

　ここからは、本校サッカー部を卒業してJリーグで活躍している選手を軸に、彼らの在学当時を振り返ります。２００１年度卒業のＧＫ関光太が金沢、２００７年度卒のＭＦ斉藤匠が琉球でプロ選手になりましたが、どちらも当時はまだチームがJリーグに加盟する前でした。

　初めてJリーガーになったのは、２０１０年度のチームで主将をしていた酒井宣福です。彼は、2学年上の兄で日本代表になった高徳選手(ヴィッセル神戸)と同じく、ゴーラム・レザーさんという情熱的なイラン人コーチが教えている三条市のレザーＦＣジュニアユース出身です。初めて見たのは、兄の高徳選手が小学5年生くらいのときで、まだ、本当に小さい子でした。

　酒井は男4人兄弟で、次男の高徳選手、三男の宣福、四男の高聖選手と3人がプロサッカー選手になっているのですが、長男の高喜さんが先に柔道で活躍していました。本校の柔道部も誘った選手で、県内の加茂農林高校に進んでインターハイにも出場しました。続いて次男の高徳選手がアルビレックス新潟ユースに進んで活躍していたので、酒井兄弟は注目されていましたし、私も知っていました。本校サッカー部がブラジルに遠征をしていたときに、中学生年代の新潟県選抜も遠征に来ていて、酒井のプレーを見ました。上手くも速くもないし、動きは硬かったです。それでも、兄の高徳選手よりも大きくなっていましたし、強引にゴールを目指す力強さや、左足の蹴り方には特長があり、ちょっと面白そうだなとは思いました。

アルビレックスがジュニアユース出身者を昇格させる方針を強めた時期で、酒井は、兄と同じ進路には進めませんでした。進路を決める中学3年生のときの会話は、とても印象に残っています。本校が試合会場のときだったと思いますが「高校はどうするの？」と聞いたら「特待生（特別待遇学生）で取ってくれるなら、ここに来ますよ」と言ったのです。私が「分かった。じゃあ特待を出すから、うちに来いよ」と言うと「分かりました」と言って、あっという間に進路が決まりました。

パワーがあって、がむしゃらなプレーや、こうした堂々とした立ち居振る舞いの印象なのか、地域の中学校の先生たちが「あの子を扱えるのは、帝京長岡くらいだろう」と話すくらい、やんちゃで言うことを聞かないと言われていた子で、実際になかなか生意気な発言ではありましたが、単に堂々としているだけで、とにかく真面目な性格でした。

むしろ、真面目であるがゆえに、失敗すると少し落ち込むタイプで「失敗してもすぐに次のプレーに反省を生かしていく、何度ミスをしても次々にチャレンジしていくお兄ちゃんを見習いなさい」という話をしたこともありました。生意気に思える発言も、彼にしてみれば、サッカーで自立して生きていくという覚悟があるからこその言葉だったと思います。プロ志望が明確で、すごく芯の強い子でした。

彼は、1年生の頃から試合に使いました。現在よりはスラッとしていましたが、それでも体の強さは、抜群でした。ただ、酒井の在学中は1年次のインターハイしか全国大会に行けませんでした。私は「もしJリーグに行けてもすぐに活躍するのは難しいだろうし、大学に行ってから考えた方が良いのではないか」と考えていましたが、彼は強くプロを志望していたので、ダメ元でアルビレックス新潟に練習参加をお願いしたところ、思っていた以上に評価が高く、内定を得ることができました。内定発表の翌日が、高校選手権の県大会の準々決勝。主将でもあったので気負ったのか、空回りをしてしまい、開志学園JSCに1－2で敗れました。彼にとっては2日間で天国から地獄へ突き落とされるような気分だったと思います。

彼は、本校からアルビレックス新潟へ進み、アビスパ福岡やファジアーノ岡山、大宮アルディージャを経て、21年シーズンは、サガン鳥栖でFWとして得点を重ねて活躍しています。すべてのチームで活躍できたわけではなかったことは知っていますので、彼の活躍は本当に嬉しいです。しかし、同時に、私は「本当に見る目がないな」とちょっとバツが悪い思いもしています。というのも、私は彼がプロ志望であることを考え、もっと速い選手、大きい選手、上手い選手がいる中で、FWとしての大成は難しいと思い、左サイドバックやセンターバック、ウイングなどで起用していたからです。

ボランチをやらせたこともあります。その中で、いろいろな要素で高いアベレージを持っている選手でしたが、特に利き足の左のキックは武器になると思っていました。左サイドのタッチライン際を攻めている場面を想像してください。中央から寄ってくる相手に対して、右足を少し前方に出して壁のようにする体勢の場合、右足より前にボールがあれば、左足のキックはやりやすいですが、取られやすいです。彼は、左足の外側にボールを置いて相手から遠ざけた状態でも、左足でぐんと巻いて逆サイドに蹴ることができたので、クロスボールが相手に引っかかることが少ないキックができる選手でした。あまり多くいるタイプではなく、貴重です。ですから、左サイドなら活躍できるのではないかと思っていたのです。彼がセンターフォワードで活躍してＪ１の月間ＭＶＰに輝くところを見ると、指導者としてのセンスのなさに愕然とします。

彼から学んだことの一つとして、当時はよほどの選手でない限り、大学経由が良いのではないかと思っていましたが、強い覚悟のある選手なら、行ける時に行くべきかもしれないと思うようにもなったという部分もあります。プロになれるチャンスは、何度もあるわけではありません。地元の新潟県のＪクラブに進めたことは、本当に手放しで喜べる出来事でしたし、良い意味で私の想像を裏切ってくれている選手です。

長岡JYFCから帝京長岡のルートを確立した小塚和季

2人目のJリーガーが小塚和季（川崎フロンターレ）ですが、彼は、チームの歴史や指導のコンセプトなどの話で多く登場しているので、ここでは短めにしておきます。彼は、長岡JYFCから進んできた選手です。お父さんがサッカーが大好きで、ご自身もオーバー30や40のチームでプレーされて、足が速くて活躍されているようで、ずっと「まだ、オレの方が上手いな」とよく仰っていたというのは、ちょっとした笑い話です。

今では、長岡JYFCの成績やプレー内容、出身選手の活躍が知られるようになり、県内の有望な小学生が来ることも珍しくありません。また、本校で活躍する選手が多くいることも知られています。しかし、小塚が小学生の頃は、まだ本校は選手権で全国大会に2度出た程度。そのため、小塚は周囲から「長岡JYFCに行ったら、帝京長岡にしか行けなくなるぞ」とも言われたようですが「オレは帝京長岡に行くから長岡JYFCが良い」と言って、うちのグラウンドに来た選手でした。

小塚の同学年には、アルビレックス新潟ユースからプロに進んだ川口尚紀選手（柏レイソル）がいます。彼は長岡市の出身で、中学時代は長岡ビルボードでプレーしました。お姉ちゃんが本校に通っていましたし、一緒にやっていきたいと思って長岡JYFCに誘ったのですが、

小学校6年生のころに長岡 JYFC に来た小塚和季。
早い段階から他の選手とは違う感覚を持っていた

どうも帝京長岡高校は練習が厳しそうだというのもあり、長岡ＪＹＦＣに入ると帝京長岡しか行けなくなると聞いていたようで、うちには来てもらえませんでした。当時の私たちは、なかなか高い評価を得られない状況でもありました。川口選手はアルビレックス新潟ユースに進んで、Ｕ－17ワールドカップでベスト８に入るなど活躍し、その後もプロの世界で活躍しているので、彼は、彼が選んだ道で良かったのだろうと思います。

少し話がそれましたが、そんな状況でも小塚は長岡ＪＹＦＣを選んでくれました。彼と同い年には長坂拓海、永井勝輝、風間元樹、深澤拓哉、丸山晃生ら良い選手が揃っていて、彼らは皆、本校に進んでくれたので、２０１２年度に初めて全国高校選手権でベスト８に入る素地となりました。長岡ＪＹＦＣでサッカーを学び、本校でさらに成長して活躍する、それも１人ではなく多くの選手が一緒に歩むという現在のスタイルの礎になった世代でした。

小塚は、グラウンドに出れば、とにかくボールを蹴っているような子でした。それに、やってみなさいと言ったことについては、嫌な顔をせずに取り組む選手でもありました。ある試合で、思ったようなトラップができずに、そのままパスを出して奪われる場面があり「トラップがずれたなら、トラップした後、相手を１人かわしてからパスを選び直さないとダメだろ」と話したところ、すぐに次のプレーから相手をかわしてパスを出していて、すごいなと思ったことがあります。

コイツは、本当にすごいなと思ったのは、高校2年だった２０１１年のインターハイ予選でした。準決勝で新潟明訓高校に2－2の同点となり、ＰＫ戦で敗れましたが、この試合で小塚は2得点を決めています。1点目が、右斜め後ろからの浮き球のパスをワンタッチでダイレクトシュート。2点目は、ハーフウェーラインより後ろからのロングシュート。ノーバウンドでダイレクトにゴールへ飛び込む軌道でした。レノファ山口でプレーしていた時期にもロングシュートを決めていますが、遠くまで見ていて、正確にプレーができるということを象徴しているような場面でした。長岡ＪＹＦＣ出身の選手は、西田の指導によって、平面で右から来たボールを右で触ったり、左で触ったりということができるのですが、小塚はそれを空中でもどの高さで触るか調整できるような選手で、空間の使い方が絶妙でした。

高校2年のときに比べると、3年生になってからはパスばかりになって自分で得点をする場面が減っていましたが、レノファ山口では得点を重ねて活躍して、移籍先のヴァンフォーレ甲府、大分トリニータでも出場機会を得て活躍し、川崎フロンターレへと移籍しました。パスセンス自体は、高校の頃から持っていたと思います。

彼は2013年に本校からアルビレックス新潟に進みましたが、なかなか試合に出場できず、14年に当時JFLだった山口に移籍しました。そこで活躍をして活路を開いていったわけですが、私はJFLへの移籍には反対でした。そのことを振り返ると、本校から初のJリーガーとなった酒井にFWとしての素質を認めなかった部分も含め、私自身の考えは、あくまで一つの意見として言うに留めるべきであって、選手に「絶対にこうしろ、オレの言うことを聞け！」なんてことは、間違っても言ってはいけないと、あらためて思います。

古沢監督との師弟愛を見せた柳雄太郎

3人目にJリーガーになったのは、小塚の1学年下にあたる柳雄太郎です。明海大学を経て2018年にY.S.C.C.横浜に加入しました。長岡ビルボードのジュニアユースから進んでき

入学当初は課題も多かったが、自分自身で克服し、プロへと進んだ柳雄太郎

た選手で、地方の中学・高校では、上手い部類に入っていたと思いますが、うちでは、そういう扱いはしませんでした。指導では「オレは、そこそこ上手いぞ」という鼻っ柱を折って、泥臭い部分をしっかりやっていかないといけないと思い、彼には、セカンドボールの回収や、球際の競り合いに勝つことを求めていました。

実際、技術面では左足のキックは酷かったですし、ヘディングも上手くないと課題が多かったですが、自分で克服していきました。短距離走はかなり遅かったですし、サッカー以外の運動も得意ではないタイプでしたが、ボールを追いかけると瞬間的に速いというか、嗅覚や予測も含めると中盤では生きるタイプの選手でした。彼については、私よりも監督の古沢の方がよく知っています。古沢が3年間、担任を受け持った学年でしたし、柳は、私のことは怖がっていて、何でもかんでも「フルさん」と兄貴分の古沢を頼っていました。今は、古沢が練習で厳しく指導することが多く、どちらかと言えば、やり過ぎていないかを私がチェックするような体制ですが、当時は私が厳しく指導をして、選手に年の近い古沢がサポートする体制だったことも影響していると思います。

高校選手権の県大会決勝では、古沢が現役時代に使っていたスパイクを履いてプレーしていました。古沢自身は、全国初出場を夢見て入学してきたものの、彼の在学中は一度も全国大会に出られませんでした。当時、大事な試合で履いていたスパイクを今でも持っていて、それを柳に履いてほしいと思って渡したというのです。涙ぐましい兄弟愛と言いたいところですが、全国出場がかかった大一番。何か普段は見ない古風なスパイクを履いているなとは思ったのですが、普段履いていないスパイクを使っていたと後から聞いて驚きました。このエピソードからも分かるように、柳は年上に可愛がられるタイプです。所属しているチームのために頑張りたいという姿勢によるものだと思います。

本校でも1学年上には小塚ら技術力のある上級生が多く、その中で泥臭いプレーを頑張って受け入れられていましたし、彼自身は上級生に恵まれていたと思います。苦労したのは、最終学年でした。前年度とのギャップにイライラしながらプレーすることが多く、活躍した試合もありましたが、一人で荒れ狂っている試合も少なくありませんでした。現在、本校でGKコーチをしている亀井照太が当時の主将で、柳をなだめながら戦っていた姿は記憶に残っています。しかし、そうなるくらいに、熱意のある人間ではありました。

実は、彼の代では、選手権の全国大会直前にレギュラーを外れた選手がいます。直前の合宿で、指導に対して真摯に向き合わず、失敗を認めないような姿勢が見て取れたため、信用できないと判断しました。すでに大会のメンバーは登録済みで変更できなかったのですが、チームからは外しました。簡単な決断ではありませんし、私にとっても残念なことですが、譲れないところなので、厳しく指摘しました。選手からしてみれば、指導に向き合わない、つまり受け入れないことで怒られたという感覚でしょうから、選手が指導陣に意見を言うのが難しい雰囲気になってしまった部分があったと思います。それでも亀井と柳は、彼を戻してほしいと言ってきました。残念ながら、私は受け入れられませんでしたが、そういう状況でも覚悟を持って意見を言えるような数少ないタイプの選手でした。

実力的には、関東大学1部リーグのチームに進んでもらいたい選手でしたが、彼は亀井とともに千葉県大学リーグに所属する明海大学に進学しました。Fリーグで活躍している長坂拓海が1学年上で明海大に進んでいましたし、亀井と柳も一緒に頑張って関東大学リーグに上がってきてほしいと思っていました。関東リーグには昇格できませんでしたが、柳がJリーガーになったので、普段はあまり見ないJ3でもなるべく見るようにしています。決して勉強が得意なタイプではありませんでしたが、サッカーに対しては、とにかく実直。練習や試合で手を抜くということが絶対にない選手だったので、その熱意と姿勢が道を切り拓いたのだと思います。

代表招集がコンバートのきっかけだった大桃海斗

2019年度の卒業生から谷内田哲平(栃木)、晴山岬(町田)、吉田晴稀(愛媛)の3人がプロへ進みましたが、同じタイミングで2015年度卒のDF大桃海斗も早稲田大学からAC長野パルセイロに進み、Jリーガーになりました。彼は出身地である三条のJドリーム三条というクラブチームにいたのですが、中学3年生になるタイミングで長岡JYFCに来たときから、絶対にプロになるという強い意思を持っていましたし、自主練習もよくする選手でした。

最初はFWでアクロバティックなシュートなども決めていたのですが、長岡に来てすぐ、2012年に吉武博文監督が指揮を執っていたU－16日本代表に選ばれました。普通、代表や選抜はポジション毎に選手を選ぶのですが、吉武さんは「全員ボランチで良い」というくらいにボール扱いの技術やポジショニング能力を重視して選手を選んで各ポジションに配置する少し変わった手法で育成年代の日本代表の指導にあたっていて、大桃はそこでセンターバックにコンバートされました。

プロになりたい思いが強く、帝京長岡のスタイルがどうかとか、チームのために何をするかとかよりも、とにかく自分がプロになるために何をすべきかと考えている選手だった大桃は、日本代表に選出され続けることが近道だと考え、その後も自分の意思でセンターバックとして頑張っていくことになりました。

彼の世代は、ライバルの新潟明訓高校にMF中村亮太朗と1学年下のDF関口正大(ともにヴァンフォーレ甲府)がいて、インターハイも選手権も、彼らに負けて全国大会には行けませんでした。選手権の県大会決勝では、中央大学を経て日本テレビのアナウンサーになった田辺大智に決勝点を決められて、2－3で敗れました。大桃は、1年生の冬しか全国大会でプレーを見てもらえる機会がなかったのですが、高卒プロが希望だったので、卒業前にいくつかのJクラブに練習参加をしましたが、本人も今のままでは通用しないと気付き始めたのか、大学進学を決断しました。チームのために頑張るという点に関しては、おそらく進学先の早稲田大学で主将になり、多くのことを学んだのだと思います。

彼に対しては、高校時代の育成指導の面で少し申し訳なく思っているところがあります。長岡JYFCや本校サッカー部は、小柄で技術の高い選手が多いのですが、大桃は珍しく、技術だけでなく、体が大きくてスピードもある選手でした。ただ、横への動きには少し弱いところもあり、ＦＷで起用することで、横に流れながらのプレーなども多く経験させたいとも思っていました。また、まだ成長過程にある高校生のうちは、相手のプレッシャーを受けながらプレーさせることで、技術的な進歩を求めていきたいとも考えていました。しかし、結果的には、ずっとセンターバックで起用することになってしまいました。体が大きくてスピードもある彼をセンターバックで起用すると、チームがとても安定するという事情もあり、監督の古沢も頭を悩ませながら「やっぱり、ほかにセンターバックが見つからないです。センターバックで使っていいですか」と言ってきましたし、私もそれは仕方がないなという思いでした。結果的に、センターバック１本で勝負するタイプになったのは、そうした背景によるものです。

早稲田大学では、ユニバーシアード日本代表に選出された先輩たちからも刺激を受けて頑張っていましたが、高い評価も聞こえてくる一方で、なかなかＪクラブ入りが決まらないという話も耳にしていました。先ほど、19年度卒の高校生と同じタイミングでプロになったと書きましたが、吉田が松本の練習試合に参加したとき、相手の長野に大桃が参加していました。早稲田の主将を務めたのだから、無理にサッカーを続けなくても良いのではないかとも思いましたが、長野が獲得してくれることになり、安心しました。

長野とは契約満了で２０２２年シーズンの所属先が未定ですが、引き続き頑張ってほしいです。

幼稚園で2時間指導を受けていた谷内田哲平

大桃と同じタイミングでプロに進んだのが、2019年度の谷内田、晴山、吉田のトリオです。谷内田も、小塚と同様に多くの項に登場するので、ここでは、彼がどれだけ長く、私たちと時間を過ごしてきたかという点だけ記します。

西田が来て中学生年代を対象とする長岡JYFCを作ってから間もなく、小学生、さらに下の幼稚園児もスクール活動の対象としていきました。最初は、無償で地元の幼稚園を回って、1時間くらいサッカーを教える時間を作っていただけませんかというところからスタートしました。幼稚園の先生からすれば、ずっと目を離せない児童を預けて、お遊戯の準備をするなど時間を使えるようになるので、受け入れてくれるところが多かったです。

そのうち、もっとサッカーをやりたい子は、私たちが送迎したり、希望者が多い場合は幼稚園のバスを使って送迎したりするようになっていきました。指導スタッフは、日中に巡回で幼稚園へ行ってサッカーを教え、終わると子どもたちを地元の体育館や本校のグラウンドへ送って、またサッカーを指導するという日々を送り、地域の子どもたちが本当に小さい頃からサッカーに触れられる機会を提供し続けています。

2019年度に全国高校選手権で初めて全国ベスト4になったときの主将である谷内田は、

この環境で育ってきた選手でした。幼稚園の年少クラスを預かるようになったばかりの頃で、谷内田は当時3歳です。親御さんが忙しく、今でも「あの子は、ほとんど長岡JYFCのスタッフさんに育てていただきました」と言うくらいに、グラウンドで預かっている時間の長い子どもでした。

谷内田の同級生では、FWでプレーしていた矢尾板岳斗(中央大)も3歳から、町田ゼルビアに加入した晴山が4歳からと、いずれもかなり幼い時期から、私たちの指導体制でサッカーをしてきました。

近年、高校の部活動チームが、同じスタッフで指導する中学生年代のジュニアユースチームを持つことは珍しくありませんが、谷内田たちは、それこそ6年体制どころか15年体制で携わっ

3歳のころから約15年に渡り帝京長岡の指導体制でサッカーをしてきた谷内田哲平

てきた選手です。しかも、当時はなぜか西田が幼稚園児の活動時間を、別カテゴリーと同じ2時間に設定したまま行っていました。あとで知って「幼稚園児に2時間はやりすぎだろう」と驚きました。普通の園児は、ボールなど蹴らずにコーチの足にしがみついてみたり、なぜか端っこに行って泣いてしまったりと、なかなか一つのことに長く集中することはないのですが、谷内田や晴山は、ずっと飽きずにボールを蹴っていました。

小学生や幼稚園児の指導には、負傷等でプレーできない時期の高校生にも手伝ってもらっています。それなので自然と、本校サッカー部にも興味が沸くようです。谷内田は、小学生のとき、全日本少年サッカー大会で背番号14のユニホームをもらい「やった、オレ、小塚和季だ！」と言いました。それを見てスタッフは「君は、小塚よりすごくなりそうだけどね」と思いつつ、微笑ましい光景だと感じました。

高校が選手を集めて勝ったというだけでは、こういうことはないと思います。同じグラウンドで見ていて身近だからこそ親近感を持って関心を抱いたに違いありません。本校サッカー部が、地元の小さい子たちに憧れて見られるチームになり、そのチームを巣立ってプロの世界で活躍している選手たちがそのサイクルを大きなものにしてくれる。そんな時間と労力のかかることが、ちょっとずつできていっているのだなと感じた、嬉しい出来事でした。

超マイペースだった点取り屋、晴山岬

晴山は、ストライカー特有の気質なのか何なのか……。ちょっと、ふざけているのか、本気なのか分からないくらいマイペースな人間でした。行動が予測できないところがあり、若いスタッフや同級生がイライラすることは多々ありました。決して大きな体格ではないのですが、他人の3倍くらいご飯を食べる子で、みんなが食べ終わって「もうすぐミーティングだぞ」と言っていても涼しい顔で食べ続けているという光景は、よく見ました。

別の項で説明していますが、私はＦＷの選手には、一度はセンターバックでもプレーさせるようにしています。自分の都合で動くＦＷばかりでなく、相手の動きに合わせて動くＤＦのプレーをすることで、相手にとって嫌なことは何かと考える能力を身につけるためです。晴山もセンターバックで使ってみたのですが、これが、もうとても見ていられないほど酷いものでした。晴山は、そもそも何を考えているのか周囲があまり理解できないというタイプなので「晴山は、自分の考えで動くだけでも、もう相手は十分に嫌かもしれない。ＦＷでいいや」と早々にセンターバックでの修行は終わりにしました。

晴山は、長岡ＪＹＦＣから進んできた選手ですが、チームの中より外に友だちが多くいるようなタイプで、Ｊユースに練習参加に行くなど、本校以外の進路も考えていました。ところが、

得点能力に加え、攻守に渡る運動量も評価され、希望通り高卒でプロになった晴山岬

最終的に本校へ進路が決まると、今度はほかのクラブの子を「この選手も取ってもらえないですか」と勧めてきました。後輩の面倒見が良いところもありますし、身近じゃない人ともよく接することのできる子でした。

ほかのチームに行く可能性もあったのですが、彼がいなかったらと考えるとゾッとします。やはり、点が取れる選手がいるかいないかは、大きな違いです。マイペースなため、中学時代には温厚な西田が「お前以上のFWをよそから取ってくるから、もう要らない！」と怒ってしまい、私は「ちょっと待ってくれ。良いFWって、そんなにたくさんいないぞ」となだめたこともありました。

高校に来ると聞いたとき、長岡JYFCのスタッフからは「山田貴仁をちょっと上手くしたようなタイプです」と説明を受けていました。山田は桝、亀井の同期で、あまり上手ではありませんでしたが、とにかく点を取るパワーストライカーでした。山田がちょっと上手くなったらすごく良い選手じゃないかと思って期待していました。もちろん完ぺきというわけではなく、適当にごかまそうとするところもありましたが、あの世代で彼以上に点を取った選手はいなかったと思います。

彼も、進路は絶対にプロと決めている選手でした。彼には世代別の日本代表に呼ばれないうちは、高卒プロはないぞと言っていましたし、2年生の春先には、関東大学リーグの強豪チームから声がかかっていたので、私は大学が良いのではないかと思いましたが、彼は第一志望はプロと言い続けました。すると、同期で世代別日本代表の常連だった谷内田が選ばれなくなるのと入れ替わるように晴山が選ばれるようになり、AFC U−19選手権にも出場しました。代表に行くようになり、得点だけでなく、前からボールを追いかける献身性が評価されているということに気付いたようでした。元々、10回に1回しかボールが出てこないような場面でも、惜しまずに動き出しをするようなタイプでしたが、代表クラスのチームで運動量を評価されて、自信になったのか、攻守に貢献度の高い選手になっていきました。

実は、彼はそういうことができるのに、練習では100パーセントを出さないと感じるところが以前はありました。人受けの良いふるまいをしたり、頑張っているように見せたりするのが上手だけど、手を抜くところがあったのです。ストライカーらしいというのか、それでも得点という結果が出れば良いだろうと考えているようにも感じていました。ですから、守備でチェイシングを繰り返せる部分は出し続けなさいと言っていました。

また、課題に対する取り組みも十分ではなく、利き足ではない左足や、ヘディングは苦手なままでした。それが、3年生になって代表も経験して意識が高くなると、よく練習をするようになりました。2020年度の全国高校選手権では、3回戦の神戸弘陵高校戦で、国見高校時代の元日本代表FW平山相太選手以来となる2大会連続ハットトリックを決めたのですが、このときはすべてヘディングシュート。どうなっているんだと驚きました。

彼はめぐり合わせも良く、町田のスカウトが見に来たSBSカップ国際ユースサッカーですごいゴールを決めましたし、町田の練習も一度しか行っていませんが、練習試合で1ゴール1アシストを決めて、すぐに獲得するという話になりました。プロでは、中盤で起用されるなど四苦八苦しているようですが、それでもポジティブに捉えて頑張っているようなので、高校時代からは精神面でも成長しているように感じます。プロになってからも頻繁に、OBの中でも一番と言ってよいくらいに連絡をくれます。今度の試合に出られそうだと言ってきたけど出なかったり、交代の一番手になりそうだと言ったけど違ったりと、ちょっと話を盛ってくるところはありますが(笑)。歴代の中でも特筆するレベルでマイペースな選手だったということを強調して終わりたいと思います。

西田がスカウト、対人最強だった吉田晴稀

吉田晴稀は、ボール扱いが上手なタイプではありませんでしたが、すぐに「あっ、コイツはプロになるべき選手だ」と感じました。私より先に、彼の才覚を見出していたのが、長岡ＪＹＦＣで指導していた西田でした。吉田は、中学1年生で高松宮U－15選手権にセンターバックとして出場しました。13歳で2学年上と競り合うのは、並大抵のことではありません。大人と子どものような体格さがあるわけですが、西田が「吉田を使う」と言っていたことを覚えています。

吉田は、新潟県の中でも米どころとして知られる南魚沼市六日町の出身です。当時、同じ地域に同学年で吉田よりも評判の高い選手が数名いました。しかし、西田は、すでに「この子が絶対に一番良くなる」と言い切っていました。最初は、私も「本当に、その子で大丈夫なの？」と思いました。身体的な能力は確かに高く、特に足の速さは魅力でした。しかし、ビックリするくらいにパスはズレますし、驚くようなトラップミスもしょっちゅうでした。でも、試合に出ると、そうしたマイナス部分を差し引いてもお釣りが来るくらいの推進力を見せたり、相手

守備での1対1で無敵を誇った吉田晴稀は中学生のころから飛び級で試合出場していた

のエースを1対1で止めてくれたり、完全にやられたと思うような相手のカウンター攻撃に追いついてくれたりと、本当に使える選手でした。特に、守備の1対1では、ほとんど負けませんでした。

ですから、2016年のプレミアリーグ参入戦という本校サッカー部にとって重要な一戦に、彼は中学3年生で先発出場しています。同学年の谷内田もメンバー入りしましたが、途中出場でした。当然のように、吉田は高校入学後も、ほとんどの公式戦に1年生から出場しました。

飄々とした雰囲気の選手だったので、もっと熱量を表に出してプレーするようになったら良いなと思い、彼には「試合に出られるのは、1年のうちだけだな。今のままでは、上級生になったら、みんなに追いつかれて試合に出られなくなるよ」

と言っていました。

ただ、彼に勝たせてもらった試合は少なくなかったですし、チームに吉田がいて困ることは、ありません。ああいう選手を、何とか上手くしてあげたいというのが、指導者としての思いです。プロに行く前に、もう2年くらい教えたいというくらいでした。西田のトレーニングにもっと真剣に取り組んでいれば……と思ってしまいます。

というのも、吉田は自宅が遠かったので、朝練習にはほとんど出られませんでした。自主練習をしなさいとも言いましたが「はい！」と言って、帰ってしまう子で、やはり能力頼みのプレーが多いという部分を変えることは、なかなかできなかったという思いがあります。能力は、本当にピカイチでしたから、彼のように高い能力を持っている子をみっちりと技術指導をすることで、息の長い選手にしていけるチームにならなければいけないと、いつも思っています。実は、21年4月にサッカー部専用の寮が完成したのですが、こうした取り組みをもっと早く行っていれば……とも思います。

吉田は愛媛FCに進み、なかなか試合に出られずに苦労していますが、まだ高卒1、2年。まだまだ成長できる年齢です。気持ちを腐らせずに頑張り続けてくれればいいなと思っています。

初めてＤＦで14番をつけた松村晟怜

本校からプロに進む選手の最新版が、21年度に卒業するＤＦ松村晟怜です。湘南ベルマーレに来季から加入します。左利きでキックの上手な選手です。まだセンターバック歴は短いので、守備面では伸びしろも大きいので、楽しみです。

初めて全国大会でベスト8に進んだ世代で小塚和季が背番号14を付けていたことから、本校サッカー部では14番がエースナンバーとなっていますが、谷内田を筆頭に代々、中盤の選手がつけてきました。松村は、初めて「14番をつけたＤＦ」になりました。彼は、長岡ＪＹＦＣでは、攻撃的ＭＦで起用されていました。あまりスピードがあるタイプではなく、左利きでもあるので、右ＭＦで使っても中央寄りでプレーするタイプでしたが、当時は同学年の吉原宏顕がエースボランチで、松村は2番手候補だったので、1列前で起用していたという事情がありました。

しかし、高校生になって身体も大きくなってきましたし、前線ではスピードが足りない部分もあり、2年生になったときに、監督の古沢に「センターバックをやらせてみたら、どうか」と言ったところ、古沢も同じことを考えていたらしく、最終ラインにコンバートしました。大型選手が前線で結果を残せず、技術が足りなくて守備に回るというコンバートは一般的に多く見られるのですが、松村の場合は、前線でも通用するだけの技術があります。相手のプレッシャー

高精度を誇る左足のキックが武器のDF松村晟怜は
2022年度湘南ベルマーレへの加入が決まった

を強く受ける攻撃のポジションを長く経験してきたので、自由度の高い最終ラインから良いゲームメイクができますし、ボールを前に運ぶ、質の高いパスを供給するといった面でも、クオリティーの高いプレーをしてくれます。

もちろん、まだまだ本職のセンターバックと言うにはほど遠く、ミスもあります。しかし、ミスをするなと言ったら、チャレンジしなくなってしまうので、センターバック1年目の昨季は、ミスはある程度許容範囲として考えようと思っていました。私自身は「最終学年になったときに、センターバックの主力になってくれていればいい」という考えでしたが、監督の古沢が「松村でいきます」と言って、2年から早くも主力センターバックに定着し、全国大会ベスト4にも貢献してくれました。後ろから敵陣のペナルティーエリア辺りまで攻めていくようなプレーもありましたし、攻撃面ではかなり面白い選手だと思います。最初からセンターバックで起用するのではなく、攻撃面で多くを経験してから後ろのポジションに移ったので、プロに行ってからも、いろいろなポジションができるのではないかと楽しみにしています。

最終学年になって負傷をしてしまい、3年生になってからは、あまり試合を経験できていないのが残念ですが、最後の選手権に間に合えば良いと思っています。

ユーチューバーからJリーガーに転身する深谷圭佑

来季は、ちょっと変わった経緯でJリーガーが増えます。2016年度の主将で立正大学に進んだGK深谷圭佑が、2022年からサガン鳥栖に加入することが決まりました。

プレーヤーとしては、セービングとキック力が武器。キックは精度が高いというわけではないのですが、とにかく飛ぶので、私たちも相手もビックリしていました。ペナルティーエリアの少し外まで持ち出して蹴れば、相手のペナルティーエリアまで飛んでいきます。身長も180cm前後でしたし、細身なのですが、その体格からは想像し難い力強い弾道でボールを飛ばす男でした。

セービングに関しても、彼は「伝説の男」です。彼が3年生のときはインターハイ、選手権でともに新潟県大会を無失点で終えました。2年生から試合に出場していて、1学年上には大桃海斗がいます。しかし、この年は、すでにお伝えしたように、新潟明訓高校が強くて勝てませんでした。手ごたえのあるチームだったのに夏も冬も全国大会に出られなかった悔しい経験を経て、深谷は3年生で主将を務めました。そして、2012年度の小塚たち以来となる夏・冬の両方で全国大会出場という成績を挙げました。印象に残っているのは、選手権予選の決勝戦でした。実は、この大会の準決勝は長岡向陵高校と対戦したのですが、試合中にレフェリーの判定に納得できない場面があり、私は思わずかぶっていたキャップをたたきつけてしまい、退席処分を受けるという恥ずかしい失敗をしました。そこで、決勝戦は西田に指揮を執ってもらい、前年に敗れた新潟明訓に4－0で雪辱を果たしました。結果的には快勝でしたが、実は試合中にPKを取られています。キッカーは、この年の新潟明訓のエース関口正大(ヴァンフォーレ甲府)でした。しかし、前年に新潟明訓に散々やられた私たちは、PK戦や試合中に彼がPKを蹴ることも想定して、対策を練っていました。それが奏功して深谷が会心のファインセーブでPKを止め、この年の県大会無失点を貫きました。

日本高校選抜にも選ばれましたし、決して大柄ではありませんが、能力の高い選手でした。

立正大学では3年生の頃から試合に出場していました。彼のプロフィールをインターネットで検索すれば、俳優やモデルも顔負けのハンサムな男であることが分かっていただけると思います。見た感じは、とてもスマートです。ただ、ちょっと頭の中が読めない選手でもありました。深谷は大学卒業後、神奈川県1部の品川カルチャークラブに所属。その間、ＹｏｕＴｕｂｅのチャンネルを運営していました。いわゆる「ユーチューバー」です。立正大学の指導スタッフに聞くと、在学中にプロクラブから練習参加の打診があったのに、卒業後は同級生とユーチューバーになると決めていたために行かなかったそうです。

それが、不思議な縁でプロからもう一度関心を持たれることになりました。サガン鳥栖には、立正大学4年生のＤＦ孫大河選手が２０２２年度から加入します。その縁で鳥栖のスカウトと立正大の指導スタッフが話す中で「そう言えば、去年のＧＫはどこに行ったのか」という話になったそうです。深谷はユーチューバーをやっていましたが、その内容はサッカーに関連したものです。元ＪリーガーでＹｏｕＴｕｂｅをやっている那須大亮さんも参加したユーチューバーチームのＷＩＮＮＥＲ'Sにも「けーすけ」という名前で参加していたそうで、サッカー界から離れたわけではありませんでした。そこで、鳥栖に練習参加をしてみないかという打診を受けました。

私は、それを聞いて、鳥栖で活躍している本校ＯＢの酒井宣福に「ちょっと変わったＧＫが行くから面倒を見てやってくれ」と連絡をしました。優秀なＧＫがそろうＪ１クラブで通用するのか心配でしたが、評価は高く、契約することになりました。ただ、すでに品川ＣＣに所属していたため、登録関係の手続きが間に合わず、鳥栖への加入は２０２２年からとなり、それまでは鳥栖の活動に練習生扱いで参加する形になっています。本人も実際にプロの練習に参加する中でモチベーションが高まったところがあり、プロの世界に挑戦する決意を固めたようでした。違う世界に進んだと思ったら、突然Ｊ１クラブと契約することになったというのですから、やはり深谷は読めない男です。

Rooting football culture
in the town of Nagaoka
Someday I want to create a team
like Athletic Bilbao.

選手が育つ環境の作り方

CHAPTER

7

The important thing is to keep trying.

複数ポジションの経験を勧める理由

　本校サッカー部からプロの世界に進んだ選手が何人かいますが「私たちが育てた」と言うの
は、少々ニュアンスが違って聞こえると感じます。我々が育てたと言えるほど、確実にプロ
選手に育てるような手法を知っているわけではありません。そんなことができるなら、毎年、
たくさんの選手をプロにしてあげたいくらいです。結局、選手が大きく成長するかどうかは、
本人の才能や取り組み方が重要で、私たちはどういう環境を与えてあげられるかという部分で
手助けをするに過ぎないと思います。

　その環境は、練習場所や試合のレベルといった話に留まりません。起用するポジションも、
選手に大きな気付きを与える環境だと思っています。実は、やりたいポジションやプレーが決
まっている選手は、意外と視野が狭くなっていることがあります。同じ場面でも、ちょっと違
う角度で見ると考え方が変わることもあるものです。いろいろなポジションをやってみること
も、自分のサッカーの幅を広げていくために有効な場合があります。

　ちなみに、私はGK以外のポジションは、ほとんど経験しました。それどころか、FWとし
て全国高校選手権に行ったのに、大阪体育大学の新人戦では、坂本先生から「サブキーパーを
やれ」と言われて、GKまで経験する可能性もありました。体がそこそこ大きくて動けたから

*Rooting football culture
in the town of Nagaoka

なのかもしれませんが、センターバックやサイドバックもやりましたし、サイドハーフで走らされたこともあります。ポジションを変えてみると、こうして別の考えに気付いたり、新しいことを知ったり、それによって取り組みに意欲を持ったりすることもよくあります。そんな理由で、私は一人の選手を同じポジションだけで使い続けるより、少し違ったポジションを経験させるようにと考えています。

例えば、ＦＷの選手には、一度はセンターバックを経験させます。ＦＷは、自分からアクションを起こすポジションです。自分が良いと思ったプレーばかりするようになる傾向がありま す。しかし、やりたいことが相手に予測されていれば、なかなか簡単ではありません。本当に大事なのは、相手が何を考えているか、どうされたくないと思っているかを知って駆け引きしてプレーを選ぶことです。それを知るために、センターバックでプレーさせるのです。ＦＷと対峙するセンターバックは、相手の動きに対するリアクションを取るポジションになります。自分の取りたいポジションを優先して取ることはできません。相手ＦＷの動きに合わせながらプレーすることになります。同じような理屈で、攻撃的な選手を守備的なポジションで、あるいは、その逆で起用するということは多いと思います。

また、これは育成理論というより、我々の環境の特徴によるものだと思いますが、長岡ＪＹＦＣ出身の選手は特に、トップ下やボランチなど中央のゾーンでのプレーが得意なタイプが多いです。同じトレーニングをするので、当たり前なのかもしれませんが、FWやサイドハーフでも務まる選手を探すという意味でも、いろいろなポジションで起用してみるということは、あります。

中学生をプリンスリーグに起用する理由

小塚や谷内田のように、長岡JYFCに所属している中学生の頃から、高校生のプリンスリーグで起用するのも、選手育成の環境作りを兼ねています。

私が中学生を起用するようになる以前から、Jクラブでは有望なジュニアユースの選手がユースの試合に出るのは珍しくなかったですし、新しいことをやったという感覚はありません。しかし、小塚たちの世代は、まだ北信越でもトップを目指している段階のチームだったので、中学生を起用するとはどういうことかと訝しがられるところもありました。

ただ、やはり、選手は苦労しないとやりたいことができないとか、5回のうち4回は失敗してしまうとか、考えてプレーする必要がある環境に置かないと、活躍ができても成長はしません。その後も、谷内田を筆頭に、中学生でもある程度通用する選手は、高校のプリンスリーグで起用して経験を踏ませています。谷内田と吉田は、中学3年生のときに、長岡JYFCの全国大会の試合の前日にも、本校のプレミアリーグ参入戦に出場しています。彼らのように力のある中学生は、当然、別のチームからも声がかかるのですが、ほとんどは、本校に来てくれています。もしかすると、中学生のうちから高校生の練習や試合に参加することで、親近感や憧れを持つようになっているからかもしれません。

ただ、中学生を高校生の試合で起用するのが有望な中学生のためであって、高校のチーム成績を軽んじているかというと、そうではありません。純粋に、同じレベルの選手がいたら伸びしろの大きい年下を積極的に起用していくという方針の中で、中学生が頑張って、高校の試合でもある程度戦えるレベルになっていたから起用しただけのことです。よく中学生や1年生を起用すると、2、3年後のことを考えた育成だと捉えられるのですが、実際のところ、選手が2、3年後にどうなっているのかは、いまだに分かりません。私たちが予測できるのは、せいぜい数カ月後です。ここでもう一つ上のレベルを経験すれば、ぐんと良くなりそうだというタイミングで刺激を与えているに過ぎません。

以前から、選手がプレーする場は、必ずしも年齢によって3学年で区切る必要はないと考えていました。あまり実現していませんが、高卒プロを目指す選手が、高校在学中に高いレベルに達した場合は、県内のアルビレックス新潟を筆頭に、近隣にはカターレ富山、ザスパクサツ群馬などJクラブがあるので、練習参加などを積極的に実現していくというプランは、今でも持っています。

百練は、一戦に如かず

それから、何よりも選手に対して成長する環境を与えるという意味では、実戦経験に勝るものはありません。この考え方は、帝京高校の恩師である古沼先生の影響を受けている部分かもしれません。

古沼先生は、良い選手だと思ったら、ポジションをずらしてでも起用するという監督でした。私の3学年上だった米原隆幸さん（FCトリプレッタ総監督）は、明治大に進んで主将を務めた方ですが、高校2年のときはサイドバックで、3年生のときはFWで2年連続高校選抜に選ばれた選手です。米原さんの1学年上で元日本代表FWの森山泰行さん（クラブゴリツァ、アドバイザー）も、1年生の時はサイドバックでした。古沼先生は、別のポジションで実戦経験を積ませて、3年生になったときにメインのポジションに戻すというスタイルでした。ですから、3年生でちょっと上手くいかないポジション、テコ入れが必要なポジションを見つけると、若くて有能な選手をそこへ持って行って実戦経験を積ませていきました。大阪体育大学の坂本先生も似たような方針でした。

もちろん、たくさんのポジションをやれば上手くなると決まっているわけではありません。ただ、私も実力が同じくらいなら下級生にチャンスを与えた方が大きく成長するというのは、感じています。また、適正ポジションは、育成年代の場合は身体の発育とともに変わりますし、起用されるポジションも所属するチームの事情によって変わるので、いろいろとやってみておいて損はないと思います。高校を卒業してからも、どこかでサッカーを続けるなら、それも役立つと思います。

指導者になってから、古沼先生がポジションをずらしてでも有能な下級生に実戦を経験させた理由は、分かるようになってきました。とにかく実戦、それも舞台が大きいほど、そこでの経験が選手を成長させるというのを実感したからです。２０１９年度に初めて全国ベスト４になった谷内田たちのチームも、２０２０年度に古沢が率いたチームが2年連続の全国ベスト４になったチームも、全国大会の最中に大きく成長していきました。

経験が与える影響は、とても大きいです。プレーしたのが全国大会か県大会なのか。プレー時間が30分と5分でも違います。ピッチでプレーしたか、ベンチにいたか。また、ベンチにいたか、スタンドにいたかでも、その後の目標意識や取り組みに大きな差が出ます。特に公式戦、また大きな舞台の経験が与える影響はすさまじく、我々がグラウンドで指導してもなかなか効果が出てこない毎日は一体何なのだろうと思うくらいです。百聞は一見に如かずという言葉がありますが、百練は一戦に如かずです。それくらい、特に大きな舞台での経験が与えるものは大きいです。だから、それを味わうために、選手には頑張れと言うのですが。

私自身、帝京高校ではベンチメンバーで優勝には何の役にも立ちませんでしたが、それでもあの景色を見て、優勝メンバーの肩書きを持ったから、今があります。

今後の選手育成はバリエーションを

西田が来て長岡JYFCで指導を始めてから、本校には身長のサイズはあまりないけれども、技術で勝つという選手が増えてきました。中には、プロに進んだ大桃海斗や吉田晴稀のようにサイズや身体能力に恵まれた選手もいましたが、どうしても、ちびっ子軍団になりがちです。しかし、私は、日本でも、ポール・ポグバ（マンチェスター・ユナイテッド／フランス代表、長身の技巧派MF）のような選手を輩出していきたいという思いを持っています。あのレベルではなくても180cm以上のサイズがあって、それでいて中盤で普通にパスを回せる技術のある選手が、世界で戦うためには必要です。

ありがたいことに、近年では「昔なら一発で採用」というレベルの選手が、セレクションに来てくれるようになりました。ですから、上手な選手を順番に採用していくのではなく、インサイドで技術勝負をする選手のボーダーラインを高めに設定して、ある程度の人数が確保できたなら、あとは技術面では多少目をつぶっても、身体のサイズ、スピード、球際に飛び込める強さ、熱量など、別の部分で飛び抜けた素質を持っている選手に将来性を見込んでバリエーションを増やしていかなければいけないと思っています。

もちろん、その分、チームの方針がぶれないように注意が必要です。身体能力の高い選手が来てくれるようになったからと言って、彼らの能力に頼るようなサッカーに変わっては意味がありません。長岡ＪＹＦＣから育ってきた選手が「帝京長岡みたいなサッカーはやりたくない」というような形になってはいけないので、その点はチームのミーティングでも確認しています。後々は、地元の子どもたちを大事にしながらも、彼らがより高いレベルで切磋琢磨していくことも含めて、他地域の中学生も長岡ＪＹＦＣで受け入れられるような体制も作っていきたいと思っています。

やはり、競争相手がいることは、成長には欠かせない環境です。どうしても人口に比例して、地方都市では能力のある選手が「お山の大将」になりがちです。ですから、コロナ禍が収まったら、高校生もまたブラジル遠征に連れていき、同年代で高い評価を受けず、プロになれていない選手でも、とんでもなく上手だという事実を知ってもらい、刺激を受けてもらいたいと思っています。

環境が育んだ、フットサルのFリーガー

本校サッカー部のOBには、フットサルで活躍している選手もいます。監督を務めている古沢と同期の佐藤亮は、元日本代表です。小塚和季と同期の長坂拓海(バルドラール浦安)も、Fリーグで2020－2021年シーズンの得点王に輝く活躍を見せました。彼らを筆頭にFリーグでプレーするOB選手がいます。また、長岡JYFCが、2009年に初優勝してから、13、15、16、17年度と全日本U－15フットサル選手権大会を5度優勝。本校サッカー部が同じ大会のU－18で2016、18年と2度優勝しています。

元々、長岡JYFCがフットサルの大会に出たのは、冬場にサッカーの試合ができない状況だったためです。フットサルは、1つのクラブ組織から何チーム出しても良いという規定だったので、控え選手も試合ができることが魅力でした。次の項で理由を記しますが、私は元々サッカー部員がフットサルをすることについては、それほど良いイメージを持っていませんでしたので、本校サッカー部がフットサルの大会に出るようになったのは、私の機嫌が良い時を見計らった監督の古沢が「出てもいいですよね」と言ってきたからだったように思います。

チームがフットサルの大会で良い成績を出していることや、Fリーグでプレーしている OB選手がいることで、本校サッカー部や長岡JYFCが「サッカーとフットサルを両立している」

と思われている部分があるようですが、私たちは、フットサルの練習は行っていません。大会に出る直前にちょっとセットプレーなどを覚える程度です。

それでも、長岡の子たちがフットサルで活躍できているのは、環境面で親和性が高いからだと思います。雪が降る地域は、ウインタースポーツと屋内競技が盛んなものです。本校サッカー部は、冬でも雪かきをしてグラウンドで練習をしていますが、さすがに長岡ＪＹＦＣに通う小学生や幼稚園児に雪かきなどをさせても「こんなの面白くない」とサッカーを辞めるきっかけを与えるだけなので、小さい子たちは、冬場は体育館が練習場になっています。また、高校生も朝練習は雪かきをしている時間がありませんので、体育館を借りており、体育館でボールを蹴ることが多い環境にあります。

練習内容はサッカーですし、ボールも、バウンドしないフットサル用ではなく、跳ねる普通のサッカーボールです。ただ、練習メニューは、フットサルと親和性が高いかもしれません。西田のトレーニングが最たるもので、人に囲まれたスペースを「狭い」と感じないボールコントロールを中心とした技術指導が多いです。西田は「狭い、というのは、ボールが通らないほど人がくっついているときだけ。ボール１個分コースが空いていれば、パスやシュートは通る」と言います。私は、それを聞いて「めちゃくちゃ難しいじゃないか……」と思うのですが。

長岡ＪＹＦＣや本校サッカー部では、３対３に２サーバーをつけた狭いエリアでの局地戦をトレーニングで毎日のように行っています。それによって、奪われてもすぐに奪い返す、中央を閉じられていてもサイドを変えながら相手の守備組織をずらしていって打開点を見つけるということができるようになります。こうしたトレーニングによって、周りを見る、ボールを止める、蹴るという技術が、習慣的に磨かれていることが、フットサルのように狭いコートで相手との距離が短くても、あまり苦にしないという部分はあると思います。

選手の活躍で変わってきた、フットサルとの距離感

現在、Fリーグのシュライカー大阪でプレーしている齋藤日向は、2016年度の卒業生です。右利きだけど、左サイドバックでプレーできる器用な選手でした。彼は、夏のインターハイでAチームに入っていたのですが、メンバーの中で一番出来が悪かったので、Bチームに落ちました。その期間に、第3回全日本ユース(U−18)フットサル選手権大会に出場したのですが、得点を量産し、なんとMVPになりました。彼は、そのときにフットサルの楽しさを知り、卒業後はFリーグへ進みました。その後も大会に出てみて、フットサルに面白さを感じたり、その世界で評価されたりすることで、フットサルに転向する選手が出てきています。

彼らのようにOBがフットサルで活躍するようになり、私自身のフットサルへの接し方も変

わってきました。実は当初、私は「サッカーでは、通用しなくなった。次のステージでは活躍が難しくなりそうだ。まだサッカーほどの競争力がないフットサルなら活躍できるんじゃないかと思って、サッカーから逃げただけに違いない」と考え、サッカー出身者が嬉々としてフットサルに転向するのを、あまり快くは思っていませんでした。しかし、フットサル界がサッカー選手にも門戸を開いたことで、実際に新しい楽しさを知り、目標として捉える選手が出てくるのを、何度も身近に感じるようになっていきました。

若い選手の「両方やりたい」熱に押されて

2019年度に初めて全国高校選手権でベスト4になったときに、準決勝の青森山田高校戦で得点を決めたMF田中克幸は、岡山県の出身です。岡山には、作陽高校というサッカーもフットサルも強い学校があるのですが、部活動は分かれています。田中は「僕はサッカーとフットサルを両方やりたいから、帝京長岡が良い」と言って、やってきました。以前の私のように、フットサルへの転向を「サッカーを諦める」と捉えるとマイナスイメージですが、彼のように、まだどちらも可能性がある段階でも、サッカーをやりながら、フットサルにも魅力を感じている若い選手が出てきているのだなと素直に捉えられるようになってきました。

明治大に進んだ田中克幸はサッカーとフットサルの両方をやりたいからということで岡山から長岡に進学してきた

また、私自身が本校サッカー部のプレースタイルを「J（サッカー）とF（フットサル）を混ぜたようなスタイル」と表現しているのに「サッカー部の選手がフットサルに進むのは、サッカーで通用しなくなったからだ」と断じてフットサルをサッカーと同列に扱わないのは、おかしいのではないかと思うようになりました。1学年の部員数が増えていることもあり、選手の進路選択は多様性が必要だと考えるようにもなっていて、今では、サッカーもフットサルも並列に考えて、選手が選べるようになっていかないといけないと思っています。

また、それならば、今のようにサッカーの片手間のような形での触れ方は、どうなのだろうと思うようにもなってきました。今まではフットサルの若い世代の競技人口が少なく、サッカーをやっている選手の方が身体能力が高くて活躍できるという部分がありましたが、近年はFリーグのクラブが育成組織で指導をするようになっているので、近いうちに本校のようにサッカーしかやっていないチームはフットサルの大会では彼らに勝てなくなっていくはずです。ただ需要がある以上は、環境を作っていくのが仕事だと思います。まだ具体的な動きはありませんが、もう少しフットサルも進路に選んでいけるような環境を作るべきなのかなという考えは、頭の中に生まれ始めています。

OBがビーチサッカーにも進出

近年は、サッカー界も、フットサルやビーチサッカー、あるいは障がい者スポーツであるブラインドサッカーなどを「サッカーファミリー」と捉えるようになってきています。少し話がそれますが、小塚の一つ下の学年でエースストライカーだった山田貴仁という選手が大阪体育大学を卒業後、社会人リーグでプレーしていたのですが、ビーチサッカーに転向しました。

彼は、高校選手権の新潟県大会決勝に限っては、1年生のときから3年連続でゴールを挙げ続けた点取り屋です。彼が今所属している東京ヴェルディBSは、日本代表で選手兼監督をしている茂怜羅オズさんが指揮を執っているのですが、彼には1年ほどですが週に1回、長岡J

ＹＦＣでスクールなどのコーチをしてもらったことがあります。デートの約束がない限りは無償でも来てくれる律儀な人で、とても助かりました。

当時（２０１６年）、彼は、新潟県柏崎市のＦｕｓｉｏｎというビーチサッカーチームに所属していました。日本海に面した柏崎は、長岡から西へ車で１時間程度の場所にあり、決して遠くありません。茂怜羅さんや、山田との縁によって、少し視野を広げれば、この町にはまだそんな可能性もあるのかと気付きました。どれもこれも、私が自ら考えたというよりも選手たちによって、新しい視点を持つように促されているだけのことなのですが、サッカーを文化として根付かせていくという視点に立つと、まだまだいろいろな可能性があると気付かされます。

卒業生は、重宝される選手になれ

サッカーだけでなく、フットサルやビーチサッカーも含め、いろいろな世界へ卒業生が進むようになっていますが、いずれも、次の所属先で重宝される選手になってほしいと思っています。そんな感覚に変わってきたのは、チームを率いて5年目で初めて高校選手権の全国大会に出た後くらいです。少しずつ光るものを持った選手が来てくれるようになり、まだまだ全国上位のレベルにはありませんでしたが、大学でも継続して頑張れば可能性が開けるのではないかという選手たちが増えてきました。

しかし、恥ずかしながら、私が若い頃は、チームの強化に反映するため、とにかく教え込むことに必死でした。そのため、卒業と同時に「もうサッカーはいい、やりたくない、早く引退して遊びたい」という選手がほとんどでした。彼らは余裕がなくなってしまっていました。申し訳ないことをしたと思っています。

今は、多くの選手がプロや大学など次のステージでプレーを続けています。私たちは、18歳で全部を仕上げて送り出すという感覚は、持っていません。むしろ、まだ不完全で、もっと学びたいという状況で送り出したいと思っています。その中で一つ注意していることがあります。選手には、次の所属先で「こんなサッカーは、やりたくない。帝京長岡のサッカーの方が良かった」なんて口が裂けても言うな、恥ずかしいぞと言っています。一時期、それこそ小塚和季の世代から大学に進んだ選手の何人かは、そうした理由でサッカーから離れていってしまいました。自分の指導が行き届いていなかったと痛感した出来事で、きちんと伝えて送り出さなければいけないと思うようになりました。

もちろん、本校のサッカーを好きでいてほしいとは思いますが、せいぜい、懐かしいなという程度にしてほしいです。次のステージに進んだら、また違うサッカーに出会うものです。そこで適用し、重宝される選手になってほしいです。例えば、近年の本校は比較的ショートパスやドリブルが多いですが、よそには、ロングパスが多くてボールが頭上を行き交うようなプレースタイルのチームもあります。そのときに、コイツがボールを触ると違いが出るなとか、気の利いたポジションを取れるので周りが助かるとか、そのチームのスタイルの中で持ち味を出していける選手になってほしいのです。

何か一つだけのスタイルを正しいものと考えるのは、間違っていると思います。我々も何かの正解にたどり着いたわけではないので、まだ進化していかなければいけません。やったことがない、あるいは好みではないスタイルのチームになったときに「こんなのは正しくない、やりたくない」とサッカーを辞めてしまうのは、選手を育てていく中で、一番残念なことです。

監督の古沢は、大学に進んだＯＢと連絡を取る際に、今、どんな練習をしているのか、どんなプレーを求められているのかをよく聞いているようですが、すごく良いことだと思います。我々は、その準備も付け加えて指導していくことで、次のステージで開花する可能性も探っていくことができます。

アスレティック・ビルバオのように

CHAPTER

8

The important thing is to keep trying.

次の土台、食堂とサッカー部専用寮

２０２０年度で5カ年計画の最終年を終えて、私は、次の土台をより強固なものにしようと考えました。2年連続の全国ベスト４は、今後の進化に向けてヒントを残してくれました。ボールを保持して攻めるスタイルだった２０１９年度、ボールを奪って攻めるスタイルの２０２０年度、どちらもベスト4で頂点には届きませんでした。きっと、この2つを足して2で割っても、ベスト４には届きません。どちらも求めていかなければ、日本一にはたどり着かないと知ることができましたし、選手にもそのように話すようになりました。

もう少し細かいところで言うと、２０１９年度は質の高いプレーができる選手を常にそろえていられるように、トレーニングでは、心拍数を上げる負荷はかけましたが、選手が激しい接触プレーで負傷しないようにと気遣っていた部分がありました。おかげで1年をほぼフルメンバーで戦えましたが、過保護だったかもしれません。一方で、２０２０年度は、メンバーを固定できなかった分、パスワークなどの面では積み上げきれない部分はありましたが、トレーニングから競争だと言って激しい練習を積んだので、その分、大きな成長が生まれました。ですから、今後は、ハードトレーニングに耐え得る体作りが必要です。そのために、食事や睡眠のことまで考えて、ピッチ外のサポートを加えてみようと考えました。

2020年の12月に食堂、21年4月にサッカー部専用の寮を作り、環境面の拡充をしました。食堂は、グラウンドから歩いてすぐの場所にあります。ここは、土地ごと買いました。いつから売りに出ていたのかは分かりませんが、私はまったく気に留めていませんでした。それまでは、土地を買うなどという発想はなかったからです。しかし、このときの私は「こんなところが売りに出ている！ これを買わなかったら一生後悔するに違いない」と確信し、お金の工面に走りました。

もちろん、銀行からお金を借りました。かなりの金額です。これが、すぐにサッカー指導者の噂になり「そんなにお金を借りて大丈夫なのか？」と言われましたが、この投資は正しいものだと確信しています。お金が多くかかったのは、土地ごと買ったことに加え、寮と食堂が別の場所にあるということが大きな理由としてあります。

しかし、食堂だけはグラウンドのすぐ近くが良いという考えがありました。夕食の時間まで自主練習ができるようになりますし、運動を終えてすぐに栄養を採ることができます。朝、寮を出て学校にさえ来れば、勉強は校舎でできますし、サッカーはグラウンドでできますし、その間の食事は食堂でまかなえるということが一体化できて、あとは寝るために寮へ戻ればいいだけになりました。自主練習も自習もいくらでも可能です。

また食堂の2階には整骨院も併設し、チームトレーナーが常駐していて選手のケアをしてくれています。管理会社を作って、これを指導スタッフが運営していけば、いくらかは手当てが払えます。しかも、今回は土地ごと買ったので、建て替えれば用途を変更することもできます。これらは、長い目で見てチームの財産になっていくと思っています。

第4章で、いろいろな指導者の方の話を紹介しました。やはり、一時代を築くチームは、超えていきたいと思わせてくれる存在ですし、そういうチームを作る指導者は、誰も考えないようなことを行動に移す人ばかりです。ですから、私も自分が良いアイデアを考え付いたと思ったときには、ほかの人の話を聞いて真似をするというばかりでなく、自分の信念に基づいて自分で考えるということが大事だと思っています。

私は、ほかの指導者と同じことはできませんし、優勝回数で上回ったり、時代を築いたりなんてことはできないかもしれません。しかし、そんなすごい人たちでもできていないことをやってみたいという気持ちは、持っています。今回の食堂やサッカー部専用寮は、今後、このチームでうまく引き継いで、次の飛躍の土台にしてほしいと思っています。

全部を一人でやらなくていい

2020年度は、私が次世代に向けた環境整備をしている間に、古沢が戦術も選手起用も考

親友・西田や教え子・古沢をはじめ、OBたちも手助けしてくれるようになり、恵まれた環境で日々仕事させてもらっている

えて強化していきました。チーム作りのほとんどを任せたわけですが、若い頃は、考えもしませんでした。しかし、今では、適材適所でそれぞれのスタッフの良さが出るように、任せられるところは任せる方針に変わってきています。

自分がやれることをやり、ほかは信頼できる仲間に任せれば良いのです。万能な人間などいません。その点、親友の西田が長岡に来てくれて、教え子の古沢が指導者として戻ってきてくれて、その後もOBが手助けしてしてくれるようになって、本当に助かっています。

谷内田が高校3年生だった2019年度に初めて全国ベスト4になりましたが、このときは、トレーニングの際にポゼッションなら西田、シュート練習なら私、セットプレーなら古沢がメインの担当を務めるという形で、指導陣も力を合わせてチームを作ることで、それまで以上に私たちの知識や感覚を選手に浸透させていくことができました。

本書を読んでいただければ分かるように、若い頃は特に、自分のやりたいことばかり考えていたような欠陥だらけの人間ですから、その私がサッカーチームのトップに立って、選手指導もチーム強化も環境整備もすべてを自分でやろうなどというのは、そもそも間違っていたと思います。

チームを束ねる責任者になったとしても、決して偉いわけではないのです。一人で何でもできるわけではないことは認めて、周りの協力も得なければいけません。偉そうになってはいけないのです。

本書の冒頭で、私は教員にはなりたくなかったということをお伝えしました。先生と呼ばれる職種の人間は、偉くもないのに偉そうだと、若いときに感じていたからです。教員になってからも、自分は偉くなんかないぞと思うようにしています。特に、高校生を指導する立場になりましたから「自分は高校生以上に学んでいるか？　新しいことを学んで、アップデートしなければいけないぞ」という気持ちを持つようにしています。それぞれが高め合いながら、良い部分を出し合って進んでいけるチームにしていきたい。それが、今の私の思いです。

野球の名将の一言「指導者が勝とうと思ったら、勝てない」

思えば、仲間を信用し切れず、自分が何でも考えて決めないといけないと思っていた頃の私に、大きなヒントを与えてくださった方がいました。まだ小塚たちが出てくる前、インターハイで3回、高校選手権で2回と全国大会に出ても初戦敗退が続いていた時期で、私は、もう何が正解なのか分からないと四苦八苦していました。

そんなとき、ありがたいアドバイスをいただいたのです。本校から車で10分ほどの場所にある中越高校で長く監督をされ、通算7回甲子園へ導いた鈴木春祥さんから「指導者が勝とう、勝とうと思っていたら勝てないものだよ。オレなんか、サインもばっちり決めて準備したけど、新潟県の決勝に何度出ても勝てなかった。それで、決勝まで来たからおまえらの好きにやってみろって生徒に言ったときに、初めて勝ったんだ。甲子園で勝ったときも、甲子園まで来たんだから好きにやれって言ったら勝ったんだよ」と言われたのです。近隣の体育教員の親睦会だったと思うのですが、貴重な体験談を教えてもらいました。

ただ、当時の私は若かったので、いきなり「お前たちの好きなようにやってみろ」なんてスタッフや選手に言える度量はありませんでした。ただ、そこまではできなくても、自分一人で頑張ろうとするよりも、周りにいる人の力を借りながらやっていってみよう、他人の意見も聞き入れながらやってみようと考えるようにはなりました。親友で長岡JYFCから選手を育ててくれた西田、当時すでにコーチングスタッフとして加わってくれていた教え子の古沢がいましたから、彼らの考えを汲み取りながら臨もうとした時期でした。

若い頃、散々、色々な人の忠告を無視して逆を行くような人生を歩んできましたが、いろいろな経験をしてきて、仲間や家族といった、ちょっとでも自分のことを真剣に考えてくれる人の言うことは聞くべきだと思うようになりました。20代、30代の頃は、選手の言葉に聞く耳を持つようなことができていませんでしたが、それもできるようになってきたと思います。私は早い段階で大きなヒントを得ていたのに、なかなか生かすことができていませんでしたが、少しずつ周りと一緒に進んでいくということが、できるようになってきたかなと思います。

変わっていった、選手との距離感

2013年から2015年頃までの学校関係者との対立問題を経て、私は、このチームのことを考えて助けてくれる人が、自分が思うよりもはるかに多く存在することに気が付きました。そのときに「自分が全部勝たせるのではなく、後々、誰か別の人の代であっても、このチームが勝つように進んでいけばいいんだ。自分が成し遂げないといけないと焦る必要はないん

Rooting football culture
in the town of Nagaoka

だ」と気付き、とても気持ちが楽になりました。

また、この頃は、学校からチームに携わらないように言われて高校生の指導をできなかったので、中学生の長岡JYFCの試合に付いていったときもありました。ちょうど、谷内田たちがいた頃です。彼らは、高校で厳しく指導する私の姿を見ておらず、親しみを込めて私を「タニさん」と呼ぶようになっていました。「谷口先生」と呼ぶ若いOBスタッフは、おかしいと言うのですが、私は違和感がありませんでした。

選手との距離感も少し変わってきました。2018年度、谷内田たちが2年のときに2度目の全国ベスト8になりましたが、このときは、ディフェンスリーダーだった2年生の丸山、3年生の小泉には、誰と誰の組み合わせが機能していると感じているかと、選手目線の感触を聞

昔はベンチで試合を見ていることが多かったが、最近はテクニカルエリアで一緒に戦っているような気分で声をかけている

いて参考にしていました。若い頃の私なら考えもしないような行動ですが、何でも自分だけでやろうとしなくて良いと考えるようになってからは、自分のことを考えてくれる人の言葉、メッセージ性のある行動というのを、自分の人生のヒントなのだと捉えられるようになりました。

そう言えば、2012年度の主力だった小塚が「得点を取ったとき、谷口先生がガッツポーズをしているのを見るのが気持ちいい。普段は怒ってばかりで感情が見えないから」と言っていたことがあります。大昔は、威厳を持とうと思ったのか分かりませんが、監督としてベンチでじっと座って感情を見せないようにしていました。最近は、テクニカルエリアで動き回って、選手と一緒に戦うような気分で選手に声をかけています。特に意識して変えてきたわけではないのですが、こうしたものも自分の内面の変化によるものなのかなと思います。

一番怖い言葉は「辞めます」

OBスタッフも増えてきて、頼もしい仲間が増えてきました。しかし、人に寄って来てもらうのは嬉しいもので、離れられるのは怖いものです。指導者になってから、一番嫌なのは、選手から「辞めます」と言われるときです。素直に言えば、選手に辞められてしまうことの方が、試合に負けることよりも怖いです。選手を成長させるために最も必要な要素が、辞めさせない、辞めたいと思わせないこと。続けていけば必ずよくなりますが、辞めてしまえば、もう成長はありません。就任当初は私自身が若く、選手に厳しい要求をするのにあまり説明もせず、辞めたければ辞めろよというスタンスを取ってしまっていました。その結果、実際に辞めてしまう選手が多くいたということは、大きな反省点です。

高校サッカーに打ち込んで得られるものというのは、最後までやり切らなければ、価値を知ることはできないと思います。辛いこと、厳しい時期というものがあっても何とか3年間続けてほしいものです。だからと言って選手を甘やかしては学ぶものがなくなってしまいますが、少しでも選手がやっていて手ごたえを得られるサッカーをしたいという気持ちはあります。私が西田を呼んで、少しずつ技術や戦術で勝つようなスタイルに変えていった背景には、これも理由の一つとして存在します。

選手が辞めずに努力を続けていけるようにするためには、サッカー部の取り組みについて、やっていることのすべてを納得させることはできないとしても、ある程度は説明する必要があるとも思っています。

さらに言うと、途中で辞めないようにするためには、入ってくるときの選手のイメージや考え方も重要です。最近は、県外から来てくれる選手も増えていますが「こんなはずではなかった」と思うようなギャップのあるイメージを持っていると、辞めることにつながります。大都市で他地域からいくらでも選手が来るような環境にあるチームではありませんから、私たちにとって一番大事なのは、サッカーを辞めることなく挑戦し続けられる、このチームでサッカーをやりたいと思ってもらう、そんな環境を用意することです。

サッカーは、勝負の世界です。今でもまだ、教え子でもあるスタッフに厳しく接してしまうことがありますが、本当に彼らを愛していますし、もしも彼らに「もうきついので辞めます」と言われたら、私は、ショックでグレてしまうと思います(笑)。

サッカーがある日常の幸せ

本校サッカー部は、私が来てから本気で日本一を目指すチームに変わり、6年目に西田がコーチとして来てからは、ボールを扱う技術を重視した指導スタイルに変わり、そして一騒動を乗り越えて、教え子である古沢が監督、私が総監督という今のスタイルに移っていきました。長岡JYFCを作り、中学生以下の選手も身近になり、今では、この町に住む様々な年齢の子が、人工芝の校庭で毎日のように練習を行っています。

高校生だけでなく、長岡JYFCに通っている中学生以下の小さな子もいますし、OBなど社会人がボールを蹴りに来ることもあります。長岡JYFCは、西田の考え方で「サッカーをやりたいと思ったときに行けば、必ずサッカーができる場所」とするため、クラブ自体は日曜から土曜まで活動しています。ただし、選手はいくらでも歓迎しますが、グラウンドは、競技、選手にとって神聖な場所なので、サンダルやハイヒールでの入場は禁止していますし、保護者の方が子どものそばまで入ってきて、ああだ、こうだと言うというのもお断りしています。

余談ですが、この仕組みをフル活用しようとした親御さんもいて、通っているカテゴリーとは別のカテゴリーの練習にも参加させ、子どもを預けっ放しにして、ずっとグラウンドで遊ばせ続けたということもありました。でも、私たちは、それでも良いと思っています。保護者の方にもいろいろな都合があります。安心して子どもを預けられて、子どもが楽しんで時間を過ごせる場所として存在することも、この町にサッカーを根付かせていく上では、良いことだと思っています。近所の方々に、ここのグラウンドでは、いつも子どもたちがサッカーをやっていると知ってもらうことも、すごく重要なことです。

少し話がそれましたが、本校のグラウンドにはペンデルボール（ボールを吊るしたヘディング練習器具）や、キックターゲット用のシューティングボードもあるので、いつでも、1人でもサッカーの練習ができます。1日、ここにいると、いろいろな世代の子どもがサッカーをしていて、この町に少しずつサッカーが根付いてきていることが感じられて嬉しい気持ちになります。

長岡に来て25年、いまだに日本一のチームを作ることができていませんが、この町にサッカーを文化として浸透させていくことは、少しずつできているのかなと感じています。この文化が続いていけるように努力しながら、さらなる発展形を目指したいと思っています。

アスレティック・ビルバオのように

長岡に来てから5年目で初めて全国大会に出場し、翌年に西田が来てから、中学生以下を対象とした長岡ＪＹＦＣを作りました。はじめは高校強化につながる選手育成が目的でしたが、中学生を高校のリーグ戦に起用し始めるなど、少しずつ私も選手の育成を長い目で見るようになり、気持ちに変化が生じていきました。地元の小さな子たちが、このグラウンドで多くの時間を過ごし、長岡ＪＹＦＣや本校のＯＢがチームに戻ってきて指導にあたってくれる循環も生まれ、高校の強化以上に価値のあることをやっているのではないかと感じるようになりました。

そのうち、この町に生まれ育ち、この町でサッカーを始めた子たちが、いつか、この町に戻ってこられるような形を作りたいと考えるようになりました。この町にサッカーのＪリーグやフットサルのFリーグを目指すトップチームができて、長岡JYFCや本校を通じて長岡と縁を持った選手がプレーする。長岡を大事に思う心のこもったプレーを見せる。そうして、サッカー、フットサルと日常がもっと密接な町になったら、選手はこの町で長く大事にしてもらえますし、選手も好きな町を元気にするやりがいを持てます。

そんな夢を抱くようになった頃、スタッフミーティングで「アスレティック・ビルバオのような存在になれたらいいな」と話しました。高校の教員である私よりも、長岡JYFCというクラブチームを運営している西田が、クラブとしての発展形を考えていて、高校を卒業した後にもプレーできる社会人チームがあったら良いなという話から出てきたイメージでした。私も西田もこの町の出身ではありませんが、もう長くこの町で暮らし、おそらくはこの町で生涯を終えるだろうと思っていますし、この町にいる我々にしかできないものを作りたいという話の中から出てきた構想です。

ビルバオは、スペイン1部で長く戦っているクラブで、拠点であるバスク地方の選手ばかりで構成されるクラブとして知られています。元々、私はスペイン1部のリーガ・エスパニョーラが好きで、よく試合を見ています。もちろん、レアル・マドリーやバルセロナのような世界的な強豪クラブの試合を見るのですが、まだ全国で勝ち切れていない本校サッカー部の参考になるのは、彼らに善戦したり、ときどき勝ったりするようなチームです。そんな目線で見ていたとき、ビッグクラブが相手でもアグレッシブで心を打つような戦いをするビルバオの試合が気になり、解説などでクラブの歴史や取り組みを知って興味を持つようになりました。

彼らを参考に、長岡あるいは新潟に縁のある選手だけで、ある程度のリーグを戦えるトップチームを作れたらいいなと考えたのです。また、同時に、そんなことが可能になるくらいの選手育成をしていかなければいけないと思うようになりました。

新潟県には、すでにアルビレックス新潟というプロクラブがありますが、そこは他地域からレベルの高い選手にも来てもらって、全国レベルの戦いを県民に見せてもらえたらいいなと思っていますし、長岡でいつか社会人のチームを作るなら、上のリーグを目指して選手を集めるよりも、舞台はJ3あるいは北信越リーグや県リーグでもいいから、長岡や新潟に縁のある選手で構成したチームで戦うといった特徴を持ったチームがいいなという思いで、ビルバオをモデルとして挙げています。

長岡や新潟への思いを持った選手ばかりのチームでプレーした選手が、活躍すればアルビレックスに行ってプレーしたり、いずれ競技生活を終えたらサポートしてくれた企業に恩返しをしたり、そんな循環を生み出せるチーム、クラブが理想です。長岡JYFC出身の選手が最近はフットサルのFリーグで活躍していることもあるので、サッカーとフットサルの両方をできるクラブなら良いんじゃないかというようなことも考えます。これは、本校としての考えで

*Rooting football culture
in the town of Nagaoka

はなく、私や西田らサッカーの指導スタッフが勝手に考えているだけのことですが、将来的な目標として描いています。

この本を読んでいただければ分かりますが、こんなに長い目で見て考えるということを最初からやって来たわけではありません。短期間で日本一になるという目標をかなえられなかった言い訳なのかもしれません。それでも、今は、この町やチームが長く発展し続けていくということを大事に考えています。私たちのチームが勝つこと、子どもたちが良い選手に育っていくことは、これからも目指し続けます。しかし、それだけではなく、活動を通じて交流した新潟県内のクラブやチームを含めて、全体のレベルを上げていった先に、そんな夢が実現したらいいなと思っています。

Rooting football culture
in the town of Nagaoka
Someday I want to create a team
like Athletic Bilbao.

ボールを大事に
西田勝彦

長岡 JYFC 代表／帝京長岡高校サッカー部ヘッドコーチ

CHAPTER
9

The important thing is to keep trying.

本田技研を辞めて何も知らない長岡へ

私は、谷口とは帝京高校の同級生です。高校を卒業後、東海大学、本田技研でサッカーを続け、引退後は会社に残って埼玉の製作所で働いていました。当然ですが、会社の周りの人は、車がすごく好きな人ばかりでした。サッカーで入ってきた私は、車が好きというわけではなく、仕事を楽しいと思えていませんでした。そんな状態で仕事を続けていくのは、周りの人に失礼だとも感じていました。

サッカーに関わる仕事をしたい――そんな思いを持っていたときに、谷口から長岡で一緒にやってくれないかと誘われました。経済的に安定した良い会社でしたので、多くの同僚からは「会社を辞めない方がいいよ」と言われて悩みましたが「お前は、とっとと辞めて、やりたいことをやった方がいいと思うぞ」と背中を押してくれた人もいて、前向きに考えることができました。

初めて帝京長岡高校のチームを見たのは、2000年です。初の全国高校選手権出場を決め、大会直前に静岡県の御殿場で合宿をするからサポートに来てほしいと谷口から頼まれて行きました。私の母校である東京の帝京高校も、全国大会出場を逃した悔しさを抱えて、御殿場合宿へ来ていました。ひたむきな2つのチームを見ながら、高校サッカーはいいなとあらためて感じました。

谷口は、高校入学後ではなく、もっと早い段階で、長岡の地域の子どもをしっかり育てないと先がないと考えていましたし、そうなのだろうと私も思いました。当時、私は別の地域の高校で監督をやってみないかというヒアリングを受けていたのですが、学校が強化に力を入れていて、勝つチームにして全国に出場しなければいけないという環境で指導をするよりも、長岡という知らない土地で、何も分からない手探りの中で、チームというよりは選手を指導する方がやりがいがあるのではないかと感じました。親友である谷口が長岡にいたということも大きな理由ではあるのですが、ほぼ直感で長岡に行くことを決めました。

ですから、谷口と同様に、長岡という町のことを何も知らずにやって来ました。こんなに雪が降る町だとは、もちろん知りませんでした。最初にアパートを契約したとき、冬は家賃が高いと言われて「ぼったくりだ！」と思ったのですが、道路に水を撒く消雪パイプを稼働させるからだと知りました。

長岡にも、必ずサッカーが上手い子はいる

当時、新潟県の高校サッカーは、決して強くはありませんでした。「サッカー不毛の地」とい

う表現を使われているのを見たこともあります。確かに、御殿場で初めて帝京長岡の選手を見たときに、全国大会を基準に考えれば、お世辞にもレベルが高いとは言えない印象は受けました。「谷口は、これでよく勝って来たな……」と思ったことは、覚えています。

しかし、私は心配はしていませんでした。「格好良い男の子」や「可愛い女の子」が全国にいるように、サッカーが上手い子も必ず全国にいます。特に、小学校低学年以下の小さな子どもは、ありとあらゆる可能性を秘めています。私は、学生の頃に選抜などに選んでもらっていましたが「こいつに負けることはないな」と思っていた選手に、年齢を重ねるうちに追いつかれ、追い越されるという経験をしました。どの子が、どのように成長するかは、分からないものです。ですから「絶対に、長岡にもサッカーが上手い子はいる」と決めてかかることにしました。

長岡は、競泳の中村真衣さん（1996年アトランタ五輪に帝京長岡高2年で出場。2000年シドニー五輪女子100メートル背泳ぎで銀メダル）のような素晴らしいオリンピック選手も出ています。良い人材が出て来る土壌があるわけですから、必ずサッカーでもプロ選手や日本代表選手になるような子もいると思っていました。だから、私は良い選手を作るとか育てるといった感覚ではなく、元々、ここにいるサッカーの上手い子たちが育っていく環境を整えてあげるのが仕事だと思っていますし、これからもずっと、この地域から良い選手は出てくると思っています。

「長岡の子がいつでもサッカーができる場所」を作る

長岡に来てからの私のサッカー指導は、中学生年代の新しいチーム、長岡ＪＹＦＣ（後にＮＰＯ法人化）に来てくれた30人ほどの子どもたちを教えるところからスタートしました。選手が全員、帝京長岡高校に行くわけではありませんが、地域の子どもたちがしっかりと育てば、必然的に高校は強くなりますし、この地域のほかのチームも強くなると思っていました。

とにかく、この地域にサッカー文化を根付かせないといけないと思っていたので、チームを立ち上げた後、すぐに小学生、後に幼稚園、保育園の子も指導の対象にしました。この町の子が「サッカーをやりたい」と思ったときには、帝京長岡高校のグラウンドに行けば、必ずサッカーをできるという環境を最優先に考えて、長岡ＪＹＦＣは日曜から土曜まで稼働することにしました。送り迎えをする親御さんの都合や、ほかの習い事との兼ね合いなどで「この曜日なら行けたんだけど……」と、サッカーをやりたいのにできないというのは、かわいそうですし、サッカーを好きになるチャンスを逃したくないと思ったからです。

ただ、幼い子を教える経験もなく、何もかもが手探りで、とにかく必死に突っ走っていたので、失敗もしました。保育園で送り迎えが間に合わない場合は、私たちが保育園からグラウンドまでの移動を担って、保護者は保育園ではなくグラウンドに子どもを迎えに行くという形にしたのですが、最初は、連絡が行き届いていなくて、保育園に別の指導者が迎えに行って怪しまれてしまい、子どもを渡してもらえないということがありました。

また、基本的に1回のトレーニングは2時間で区切っているのですが、年齢別に区切り直さずに行っていたため、谷内田哲平が幼稚園児のときは、彼らも2時間でやっていました。もちろん、幼稚園児が集中してトレーニングを長時間もやれるわけがありません。それでも意外とボールを蹴ることを楽しんでくれていたのですが、中にはそうではない子もいるので、おんぶをしてでも、抱っこをしてでも、とにかく一緒にサッカーをするという時間を過ごしていました。今になって考えると、よくやっていたというか、やり過ぎだったようにも思います(笑)。

谷口総監督と「ボールを大事にする」感覚は共有できている

さて、指導法についてですが、谷口が就任当時、帝京長岡高校でキックアンドラッシュのようなスタイルのサッカーをしていて、私が長岡ＪＹＦＣでボール扱いを中心に技術指導をしていったと捉えている人もいるようです。確かにアプローチは異なりますが、別のことを教えていたという認識は、ありません。根本的に「ボールを大事にする」という部分で、私たちの指導はつながっています。

年代やレベルに関わらず、ゴールを取る、ゴールを守る、ボールを奪うというのがサッカーの3つの大きなプレーの目的ですが、私は東京の三菱養和SCで坂庭泉さん(現・埼玉県サッカー協会専務理事)たちに「ボールを大切にしなさい」と教わってきました。また、その教えに納得してサッカーをしていました。ボールを大事にする中で、技術を高めて、相手に取られないところにパスを出すとか、相手に取られないようにドリブルをするとか、コントロールする。そういった考え方です。

ただ、ボールが大事なのだから、相手に譲ってはいけません。競り合いだって負けてはいけませんし、競り合った後のセカンドボールも相手に渡してはいけません。そうすると、谷口が長岡に来て、まず足りないと思って強化した競り合いの部分に行き当たります。私が高校生の頃、長崎県の国見高校が強豪でした。対戦したとき、彼らには「ルーズボール」という概念がないように感じました。転がっているボールなら、例え相手の方がボールに近い位置にいたとしても、相手が触っていないのだから、それはマイボールだという感覚でプレーしているように感じました。これは、すごく大事な感覚です。

ですから、私も、テクニックを磨いてボール扱いが上手くなって奪われなくなることだけが「ボールを大事にする」ということではないと思っていて、そこは谷口と共通しています。私と谷口とでアプローチの仕方が違うわけですが、アプローチの仕方まで同じなのであれば、私が来る必要はありません。選手を成長させていく中では、いろいろな角度から見てあげることが大事だと思っているので、根本的なところで同じ目標意識や価値観を持ちながら、アプローチや見方が違う指導者が同じ組織、チームで一緒にやっていくことには意味があるとも感じています。ただ、ボールは、どの角度から見ても丸いわけで、この「ボールが大事」ということだけは変わらない、という思いで指導にあたっています。

西田流「攻撃の球際」

私の指導で大事にしているのは「攻撃の球際」です。右でも左でも前でも後ろでも、自分の近くにあるボールを自在に触れなければいけません。

野球の打者をイメージしてみてください。試合で監督がどんなサイン（戦術）を出すか分かりません。相手投手がどんなコースに投げてくるかも分かりません。選手を練習で育てて試合という お披露目の場に送り込むコーチの身としては、内角も外角も、高めも低めも打てるようにはしておかないといけません。打者は、ひじやひざの使い方をわずかに調整してバットをコントロールしてボールに合わせるわけですが、同じように、サッカーでも自分のところに来るボールに対して身体を合わせて、置きたいところにボールをコントロールできるようになっておかないといけないと思っています。

基本的な練習メニューとして採用したのは、横倒しにしたコーンを2つ並べ、横幅2歩くらいの長さにして、その両端でボールを触るトレーニングです。①横から来るパスに対して、ボールサイドにあるコーンの端で受ける。②寄ったけど触らずに流して逆の端で受ける。③ボールサイドに寄ってから離れて、もう一度寄って受ける。ファーストタッチをどちらの足で行うかを指定することで、さらにバリエーションは増えます。そして、これらを自分をマークしている相手に悟られないように選べば、優位に立てます。

例えば、左から来たボールを左足で前に蹴ろうとしたら、コースはかなり限定されます。しかし、左足で蹴れるコースに加えて、右に流して右足で前に蹴るというプレーを加えれば、パスコースはかなり増えます。もっと言えば、左から来たボールを右に流したとき、片足でけんけんをするようなステップで半歩右にずらしてさらにパスコースを広げることも可能です。球際で多くの選択肢を持ち、なおかつ相手に悟られなければ、広大なスペースでなくても自在にボールを扱えます。マジック(手品)は、左手を見てくださいと言っているときに、右手で仕掛けをしているものです。同じように左で受けると見せかけて右に流す。そうすれば、大きくは動かなくても相手から離れてボールを触れます。この「攻撃の球際」を支配することが、相手に奪われないボールコントロールやパスにつながります。

私が子どもの頃に、三菱養和ＳＣのスタッフがボール回しをして、相手をだまして笑っていたり、騙されて悔しそうだったりしているのが楽しくて、ずっと見ていました。それを足の遅い選手だった私が実際にできるようになろうと思って考えたことです。ボールを触れる場所を増やしておくことと、相手を騙す方法を増やすこと、それを駆け引きに使ってプレーしてきたので、それを選手に伝えています。

ただ、選手全員が私と同じプレースタイルになる必要はなく、必ず全員が使えないといけないとは考えていません。それを使えるプレーだと思って自分の物にする選手がいたらいいなという程度です。必要ないと思えば、省いてもらっても構いません。ただ、どこで触るかを選べるようになっておくと、試合の中での(プレッシャーの)感じ方が変わります。

数字は変わらなくても、感覚は変わる

ところで、先ほどの野球の例えで言えば、どこからが「高め」でしょうか。同じ高さでも、曲げているひざを少し伸ばしたら、もう「高め」じゃないかもしれません。私は「数字は変わらないけど、感覚は変えられる」という表現を使っています。

帝京長岡高校が初めて高校選手権で全国ベスト8に進んだときの主力だったMF小塚和季（川崎フロンターレ）は、小学校6年生で長岡JYFCに来たのですが、見ているみんなが「なんで、そんなに狭いところへ入っていくのか」と思ったときに、彼は「狭いとは思わない」と言っていました。

これは、ちょっとした自慢ですが、彼が独特の感覚を持っているというのは、1日で分かりました。私は、彼のその感覚を絶対に潰してはいけないと思いました。実は、彼は地域のトレセンなどで、狭いエリアにドリブルで入ったり、狭いコースにパスを通したりして「なぜ、そんなに狭いところでプレーするのか。もっと広いエリアがあるのに」とよく言われていました。「あっちの広いエリアが見えていなかったか」と言われると、小声で「ふん、見えてるよ」と言っていたのを覚えています。

小塚にしてみれば「狭いけど狙った」のではなく「チャンスだと思ったから狙った」だけ。それ

が「ほかの人は通せないと思っている狭いコース」であるのだから、良い選手だなと思いました し、彼が持っている感覚は、とても大事なものです。小塚は、早い段階からほかの選手とは違う感覚を持っていました。

何メートル四方のエリアで、何メートル間隔で相手が立っている、という同じ設定であっても、狭いと感じるかどうかは、感覚を磨いていけば変わっていきます。私は、彼に出会ったことで、あらためて選手の感性を本当に大事にしないといけないと思うようになりました。

小塚のパスが「狭いところでも通る」理由

ちょっと細かいことになりますが、狭いのにパスが通るという現象をよく見ていると、ちゃんと理由があります。例えば、相手の重心が左足にちょっとしか乗っていなければ、左足を動かしてボールに当てることはできます。しかし、思い切り左足に乗っているときは、左足をとっさに動かすことはできません。ですから、相手の右足が浮いていれば、相手の左足のすぐそばを通るようなパスコースでもボールは通ります。

さすがに、そんなことを見て考えてプレーすることはできませんが、小塚は、そういうことを感覚的に把握していました。2020年に卒業したMF谷内田哲平（栃木SC）も、似たようなパスを出していました。目の前に相手が2人いて、どちらも足を出せそうなコースを通すというのは、身体のメカニズムではなく、互いに譲って足が出にくいという相手の心理状況を突くものですが、そうした駆け引きが感覚的にできている選手だと思いました。1対2という絶対に不利なはずの状況をドリブルで抜けるというのも同じ理屈です。

さらに、自分以外の人の感覚を情報として使っているかどうかもポイントです。選手は、誰でも「自分の目線」は持っていますが、そこに「味方の目線」や「相手の目線」が加わると、見えるものが増えていきます。小塚は、同学年の長坂拓海(Fリーグ/バルドラール浦安)と一緒にプレーすると、ものすごく面白いプレーをしました。フィーリングの合う味方の動きから、何がどうなっているかという情報が増えているのだろうと思いました。

小塚のイマジネーションに驚かされたことは、いろいろとありました。一番衝撃的だったのは、全国高校選手権3回戦で鹿児島城西高校に0－1で負けていた前半、自分のところへ来たボールをわざと浮かせて時間を作って、相手の頭越しにラストパスを通してFW山田貴仁(ビーチサッカー/東京ヴェルディBS)の同点ゴールをアシストした場面です。山田が相手DFの裏に出られるタイミングにパスを合わせるためにボールを浮かしたのですが、大舞台で負けている状況で、そんなプレーをイメージして実行できてしまうのは、本当にすごいなと感じました。

重視する「組み合わせ」の妙

私が、選手の組み合わせを大事にするのは、このように選手がほかの選手から感じ取れるものによってプレーが変わるからです。

選手には個性がありますが、必ずしも目立つ能力ばかりが個性ではありません。小塚の場合は、チームの中心として目立つ存在でしたが、小塚と長坂の関係のように、組み合わせが生み出す面白さというのがあるので、パッと見た感じではそこまで能力が高くないように見える選手でも、起用してみてほしいと谷口に進言することはあります。

小塚たちの世代の主将だったMF三田陽介や、2年連続の全国ベスト4に貢献したMF川上航立(立正大)が2年生のときというのは、決して目立つ存在ではありませんでしたが(川上は3年のときは目立ちましたが)、彼がいるから周りが生きるという選手でした。

例えば足の速い選手でなくても、プレーが正確だと、速い選手を生かすことはできます。あるいは、飛び抜けた武器を持つ選手を2人同時に使いたい場合、バランスをとって彼らが不得意なプレーを補えるような選手が必要で、目立ちはしないけど判断やプレーを素早く正確に行える選手が良い働きをするということもあります。こういった組み合わせは大事だと思っています。

心が動いたときは、記憶に残る

思い返せば、小塚に限らず、選手から多くのことを学んできました。それは、谷口のおかげだと思っています。谷口と私が、それぞれに違う部分を持ちながら共通した感覚を持っているという部分では、高校を一緒に指導することで磨かれてきた部分もあります。基本的に、谷口が帝京長岡高校、私が中学生の長岡ＪＹＦＣを指導するというスタイルですが、谷口が謹慎処分を受けていた２０１０年には高校の指導を任されました。それ以来、平日は高校生の練習も見るようになりました。

また、２０１５年の高校選手権の県大会決勝では、準決勝の長岡向陵高校戦で退席処分を受けた谷口の代わりにベンチに入ってほしいと頼まれました。準決勝の日も長岡ＪＹＦＣの試合に行っていたので高校のチームを見ることができていないのに、それでも頼むと言われたときには、あらためて、信頼してくれているんだなと感じました。

谷内田や晴山が高校に進学した２０１7年からの3年間は、谷口から「高校を優先してほしい」と言われ、試合の帯同も高校を優先しました。このときは、谷内田のように長岡ＪＹＦＣで一緒に成長してきた選手たちと、田中克幸のように県外から来た選手が互いにプライドを持ちながら認め合って融合していく様子が本当に面白かったです。

谷内田たちが3年生になった19年度は、初めて全国ベスト4に進みました。埼玉スタジアムで行った準決勝で青森山田高校に敗れましたが、試合をする毎に選手が成長していたので、本当にもう1試合だけでもこの選手たちと試合をしたかったな、もう1試合あったら、どんな試合をしてくれただろうかと思いましたし、このチームでやる試合はもうないのかと思うと、寂しい気持ちにもなりました。

若い選手は、1試合で大きく成長していきます。同じようにはいきませんが、私たち指導者も選手と一緒に試合を戦うことで経験を積んできました。数年、谷口と一緒にベンチに入って、それぞれの戦いを一緒に見てきたことで、共有できている部分も多いと感じています。頭で考えて覚えたことは忘れてしまうものですが、人間は、心が動いたときのことは、ずっと覚えているものです。グラウンドで積み上げてきたもの、それが試合でどうなったか、同じものを見て感じたことは、貴重な経験だったと思っています。

高校からの付き合いが織りなす「あうんの呼吸」

ここで、少し谷口についてお話しします。私は、谷口とはサッカーのプレースタイルが違いました。谷口は体の強い選手でしたが、私は強くありませんでした。競り合いでも勝てた方が良いですが、分が悪いです。その変わりに、私は、ボールをどこに置くか、どこに運ぶかという工夫で負けない自信を持っていました。そうした互いの武器を認め合っているから一緒にプレーできていましたし、それは、指導者になっても同じだと思っています。

私には細かいことや技術的なことを選手に伝えるのが好きという特長があって、谷口には戦術的なことや、全体像を伝える役割が向いているという特長があるということで、互いに認め合って一緒にやっています。

また、言葉で上手く説明できないのですが、谷口とは何か通じるものがあるから、何をやってもやりにくくないのだろうと思います。高校生の頃、町に遊びに行ったときでも、谷口の行動は、何を考えたり、感じたりしたからなのかというのが瞬間的に分かりましたし、谷口も同じだったと思います。ちょっとふざけた話になりますが、2人組の女の子に声をかけるとき、見た目が可愛い子の方ばかり2人で話しかけたら、仲良くなれませんよね。そんなときにも自然と役割分担ができました。

サッカーのプレースタイルだけでなく、好きになる女の子のタイプも違いましたし、違うところはたくさんあるのですが、うまく相手の意図をくみ取って、中間を取れるような感覚は学生時代からずっとあります。それは、指導者になった今でも同じで、自分が気付いたことの中で「これは伝えた方がいい」、「これは言わなくていい」という判断は、勘でしかないのですが、ただの山勘ではなく、15歳からの付き合いの中に基づいた感覚で、うまく折り合いがついているのではないかと思います。

谷口という男に見る、人を巻き込む力

谷口は、目立って大人数を束ねるようなイメージではないのですが、高校の時から人を引っ張っていく能力はあったと思います。高校の同期には、本当に個性的な選手がいたのですが、いつの間にか、良い意味で周りを巻き込んでいて、遊んでいると知らぬ間に野球部とかほかのグループの人間も輪の中にいました。仲間を上手く集めて来る力があるという感じでしょうか。ですから、谷口を応援している同期は多いと思います。

一緒にいて思うのは、人の個性を本当によく見ているなということです。選手を指導している場面でも、例えば同じミスでも伝えるか、伝えないかを、選手によって使い分けています。また、長い目で物事を考えて決断していると感じることも多いです。近年は「心美しく勝つ」というスローガンを掲げ、無駄なマイボールアピールをしないように指導しています。その場の試合を勝つためだけでなく、帝京長岡の選手がマイボールと言うならマイボールなのだろうとレフェリーが思うくらいフェアにやっていこうという話なのですが、それは長い目で見れば、

このチームが多くの人から信頼を得ることにつながっていきます。何かを一人で成し遂げようとするのではなく、多くの人を巻き込んで進んでいくようなところは、あると思います。サッカーでも、最初から仲間に頼るというか、寄りかかっていてはいけませんが、頼り切っているのではなく、上手く仲間の力を引き出したり、引き出してもらったりしますよね。いくら個が強くても一人ではダメで、連係もないといけない。谷口が持っている、そういった資質が、チームやサッカーに生きているのかなと感じることはよくあります。私自身も良い部分を引き出してもらっていると感じています。

次世代の人材も必ず出てくる

谷口に誘われて長岡に来てから、長く指導を続けてきました。この地域の子どもたちが変わってきたなと感じたのは、今、コーチをしてくれている本田光たちの世代が中学3年だった2009年に長岡JYFCで全日本ユース(U−15)フットサル大会(※現在のJFA全日本U−15フットサル大会)を初優勝したときです。

私が長岡に来たばかりの頃は「日本一になろう」と言っても、本気で受け止めてくれる子どもはいませんでした。しかし、初めて、自分たちから「優勝したい、日本一になりたい」と言い出したので、指導者として何とか力にならなければいけないと思いました。ただ、正直に言うと、フットサルのルールを詳しく把握しているわけではなかったので、選手を信じてすべてを任せたら上手くいったというのが真実なのですが……。

それでも、子どもたちが全国レベルで成果を出すようになり、そうしたニュースを帝京長岡のOBたちが嬉しそうに話しているのは、すごく嬉しく思います。谷口に呼ばれて長岡に来てから20年が経ちましたし、今後は長岡JYFCや帝京長岡高校から育った人間の中から、サッカーが好きで、なおかつ経済力を身につける人、頭が切れる人、いろいろな人材が出てくると思います。

私たちは、この土地にサッカー文化を根付かせるということを使命として取り組んでいます。この土台をしっかりと作れば、これから出て来る人材が発展させていくでしょう。それが今の若い指導スタッフなのか、今年の卒業生なのか、今の小学生なのかは分かりませんが、間違いなく、人材は出てきます。私たちは、次の人材にバトンを渡せるように、これからも環境を整え続けていきたいと思っています。

*Rooting football culture
in the town of Nagaoka

帝京長岡の伝統継承
古沢徹
帝京長岡高校サッカー部監督

CHAPTER
10

The important thing is to keep trying.

黄色じゃない帝京？

私は、現在、監督を務めていますが、2003年度卒業のOBです。中学時代、当時は長岡で唯一の強豪チームだった長岡ビルボードでプレーしていました。私が高校に入学した年に、長岡JYFCができて、今ではアルビレックス新潟U－15長岡もでき、今の小学生はサッカーをする環境が豊富ですし、随分と変わったと感じています。

私は、谷口先生に誘われて、中学時代のチームメートだった佐藤亮（帝京長岡高で主将。順天堂大に進学した後にフットサルへ転向。シュライカー大阪で主将を務めた2016－2017シーズンにFリーグ優勝に貢献）と一緒に帝京長岡へ進学したのですが「帝京」と言うからには、東京の帝京高校と同じ黄色のユニフォームなのだろうと思っていたら、緑色で驚いたくらい、まだこの学校は地元でもあまり知られていませんでした。

今では150名ほどの選手がいますが、私たちの時代は、3年生が引退すると、センターサークルで手をつなぐ円陣で人が足りませんでした。

この人に付いていけば、日本一になれそうだ

入学以降、谷口先生には長くお世話になっていますが、当時の印象と言えば「怖かった」の一言です。ただ「この人に付いていけば、日本一になれそうだ」とも思っていました。入学の理由で、皆に共通していたのが、何か引き付けられるものがあったという点でした。

当時は分かりませんでしたが、谷口先生の言葉は、迷いがありません。「こうすれば、勝てるはずだ、勝てるかもしれない」ではなくて「こうすれば、勝てるから」という言い方で、しかも、試合で負けても言うことが変わらず、いつの練習でもその姿勢が一切ぶれません。全然勝てなかったので「弱いチームは、すぐに帰るぞ」と言われてばかりでしたけど、とにかく姿勢が一貫していました。私自身が指導者になってから、そのすごさが分かるようになりました。

選手時代に学んだことで強く印象に残っているのは、サッカーの指導よりも、人としての教育の面です。サッカーの指導に関しては、時代とともに変わっている部分がありますけど、教育指導の面では、当時教わったことを、今は私が教員として生徒に同じように伝えています。

サッカーが変わっても変わらない教育指導

後ほど細かくお話ししますが、私が高校生だった頃と今とでは、チームのプレースタイルが異なります。それでも、谷口先生は指導の際に「君たちが今、こうして活動できているのは、何もないところから作ってきた先輩たちのおかげ。だから、その土台を崩してはいけない。元気がない、覇気がないなんていうのは、絶対にダメ。それだったら、ちょっと上手いとか、速いとか、そんなことに意味はない」と選手に言い続けています。私たちが教わっていた時代から変えていない、ずっと大事にしている部分です。

このチームを応援してくださる方が多いのは、サッカーが上手いかどうかだけではなく、あいさつをしっかりするか、厳しい時でも頑張って走っているかといったところだと思いますし、そこは、選手が上手くなっても変えないようにしようとしています。「理念、コンセプト、心得」を明文化したことで、指導者も選手も、このチームにいて何をするべきかを自分で考えて動けるようになってきたと思います。

個性を見抜いた指導

サッカーで、谷口先生の指導が変わらない部分の一つは、個人個人をよく観察していて、個性に合うようにアプローチを変えているところです。感情をコントロールしながらも、自分の熱意を伝える術に長けている方だと思います。

2013年度のチームでエースストライカーの山田貴仁(ビーチサッカー/東京ヴェルディBS)が、夏のインターハイの県大会で負けた後に「どうプレーしていいか分からない」と言い出したときには「お前は、点を取ることだけ考えろ」と励ますように伝えていました。実は、同時期に、周りの選手には「色々なものを見て吸収しろ、もっと考えろ」と得意なプレーだけに頼らないように指導していたので、真逆のアプローチでした。それは個性を発揮するだけでなくプレーの幅を広げなさいという意味なのですが、当時の山田の場合は、まず個性を発揮するという原点に戻ることが必要でした。常に選手個々の状況、状態を知っているからできることだと思います。

今、私はグラウンドに近い校舎の1階の部屋を使っていて、選手は練習前と練習後には、ここに顔を出します。そのときのあいさつで、選手の状態を感じ取って声をかけることがありますが、このシステムを作ったのも谷口先生です。選手の人数が増えてきて、教務室にいては見切れないものがあるからと話していました。本当に細かいところまで気を配る方で、サッカーノートをどう書いているかでも、選手の心理状況を把握しています。私が高校生の頃、1週間単位で提出する決まりになっていましたが、やはり提出寸前にまとめ書きする選手も出てきます。しかし、谷口先生には、確実にバレていました。指導を受けていた選手時代も、今も同じで「見透かされているな」と感じることは多いです。

谷口先生の選手への接し方は、本当に学ぶことだらけです。指導者になってからも、自分だったら気付いた瞬間に伝えたくなる場面で、谷口先生は見守って、伝えるべきタイミングを待っているということがあります。谷口先生も若くして監督になっていて、今までに多くの失敗も経験しているのではないかと思うのですが、そうした経験から学んできたことの私たちスタッフやチームへの還元率は、とても高いのではないかと思います。

まったく異なった指導陣と選手の「常識」

チームの話に戻りますが、私が高校1年生の時に西田コーチが来て、通称「西田練」が始まりました。長岡ＪＹＦＣが発足したばかりで中学生の人数が少なかったので、私たち高校1年生が一緒に練習をしていました。

ボールを使ったメニューが多く、走らなくて良いトレーニングが始まったということで最初は喜んでいたのですが、普通に走っているだけのメニューよりもよほど大変でした。

当時、新潟の高校サッカーと言えば、まだ全国大会では初戦で負けて当然のレベルで、私たちも強くありませんでした。谷口先生や西田コーチは、全国優勝の経験者ですから「あの人は、何なんだ。全然、ボールを取れないぞ……」と驚きましたし、教えてもらいながら、こんなに細かいところまで考えてプレーしないといけないのかと思わされました。それくらい、互いの常識が違いました。

走るだけなら、走り切ってしまえば終わりですが、ボールを使う練習だと、私たちは下手でミスばかりするので練習が終わらず、ただ走る方が楽だと思うくらい、きつかったです。それでも、その後の長岡ＪＹＦＣのトレーニングを見ていると、当時は、だいぶ下手なレベルに合わせてくれていたのだなと思います。

西田コーチに教わった世代が戦うステージを上げた

私の在学期間は、ちょうど、本校のサッカーのスタイルが変わっていこうとしている時期でした。「伝統のパスサッカー」という表現を聞くと、実は、私自身の頭には疑問符が浮かびます。

2期生の山崎太一さん(長岡JYFCコーチ)は「ボールをよく見て、遠くに蹴れ」と教わったと言っていましたが、私の頃も「前に行け、走れ」というサッカーだったからです。

西田コーチが来てから、それまではなかった朝練習の時間が設けられるようになって、西田コーチたちとミニゲームをする毎日になり、少しずつ、技術トレーニングを重ねて今のスタイルに近づいていきました。私たちの世代は、国体の代表候補も何人かいて、それまでよりは帝京長岡に選手が集まったという印象でしたが、初めてインターハイの全国大会に出場したのは私たちが卒業した次の年で、それからは全国で戦うチームになっていきました。つまり、西田コーチに教わった世代が、戦うステージを上げていったということになります。

卒業時に宣言した「谷口先生を超える」

そんなわけで、私が選手時代にやっていたサッカーと、今、監督として目指しているサッカーは、スタイルが異なります。しかし、西田コーチのトレーニングや、谷口先生の指導から吸収していくのは難しくはありませんでした。なにしろ、私は学生時代に勝っていないわけですから、私とは違うプレーができる選手にしなければならないので、とにかく学ぶだけだったからです。チームを勝たせたい一心でしたから、そこに見えている可能性を感じ取って、一緒に発展させたいとしか考えませんでした。

私は、このチームが好きで、卒業後も戻ってきて手伝いをしたいと思っていましたし、OBとして全国大会に行けずに負けた悔しさを、次の世代に伝えなければいけないとも思っていました。すごく生意気なのですが、3年生を送る会で、私は「指導者になって谷口先生を超えます」などとも言っていました。それで、帝京大学に進んだ後、1年生のゴールデンウィークに帰省して、指導の手伝いをさせてくださいと言いに行きました。以降、大学1年生から可能な限り全試合でベンチに入れてもらって、すべての勝ち負けを一緒に経験させてもらってきました。大学が休みになる度に帰省して、毎日のように高校で指導を手伝っていたので、母親からは「東京の家賃がもったいない」と怒られたものです。

谷口総監督、西田コーチから学ぶ、信頼関係

私が選手のときから指導している谷口先生と西田コーチは、信頼関係がすごいと感じます。ピッチの中の改善は、西田コーチ。ピッチの外から見て気付いたところは、谷口先生。そのバランスがすごく良いと指導者としては感じます。

例えば、谷口先生が「もうちょっと中央から攻撃したい」と言えば、西田コーチが「ああ、分かっ

た」と言って、具体的に改善する指導をするといった具合です。互いに、自分には無いものを相手が持っているとリスペクトして、補い合っているというイメージです。

西田コーチは練習で指導を完結するので、選手起用は谷口先生に任せています。それでも、たまに、西田コーチが「コイツは絶対に間違いない」と言うと、谷口先生は「西田が絶対って言うから仕方がない」と言って必ず起用します。逆もあって、谷口先生が「コイツは、絶対にダメ」と言うと、西田コーチが「じゃあ、何とかする」と指導を工夫するということがあります。谷口先生は、西田コーチの意見だから聞くというだけでなく、私たちスタッフの意見も聞いてくれます。2013年に山田貴仁とツートップを組んだ岩渕裕人は、2年次に左サイドバックなどで起用されていたのですが、谷口先生の評価は高くありませんでした。でも、3年生で新チームになったときに、川上健コーチが「FWで使ってみてください」と進言すると、「それは、ないだろう」と言いながらも意見を聞いて起用してレギュラーになりました。コーチ陣が推薦した選手は、一度は使ってみてくれるということは多いと思います。

谷口総監督の「任せる力」

谷口先生は、本当に相手を信じて任せるということができる人です。先ほど、私が大学1年のゴールデンウィークに指導の手伝いをさせてほしいと言いに行ったことをお話ししましたが、実は、そのときもいきなり1つのチームを任されました。「オレはAチームを見ているから、お前、明日から西田とBチームの遠征に行って来い。2チーム分いるから、1チームは自分で見ろ」と言われました。すごい度量だなと感じました。もし、中途半端に任されていたら、今の私はいなかったかもしれないと思います。任せられたのだから、誰かの下について真似をするのではなく、自分で考えて責任を持ってやらなければいけません。それを「責任は、俺が取る」というふうに任せるのは、すごいと思います。もちろん、誰にでも任せるわけではありませんが、任せて、見守って、道を間違えそうになったら1対1で話をして指導してくれます。任せる部分、導く部分のバランスがすごくて、真似できないなと感じます。

私が監督になったのは27歳だった2013年です。谷口先生から「俺は20代で監督をやらせてもらった。その経験が大きかった。20代のうちに監督を経験しておいた方が良い」と言われました。最近、その意味がようやく分かってきた気がしています。目先に捉われずに先行投資をしてもらったと感じています。コーチの目線と、監督の目線は、全然違います。周りの意見があり、広い視野で全体を見る中で、自分で決断をしないといけないからです。チームを任されたのは、初めて全国ベスト8に入った翌年で、チームのスタイルが見えて、優秀な選手も来るようになっていた良い時期でした。谷口先生は信頼する人間に手厚いというか、繊細で愛情をもって接してもらっていると感じます。

「お前がいなくなったら、チームがなくなる」と言われて決意

ただ、私が監督に就任したときの状況は、正直に言って喜ばしいものではありませんでした。谷口先生が学校からの信頼を失い、監督の座から外れることになったのがきっかけだったからです。

最初は「谷口先生がやらないなら、僕もやりません」と言いました。でも、谷口先生から「お前がいなくなったら、チームがなくなる。お前がやらないなら、誰もやらない。どうする？」と返されてしまい、1時間くらい無言で考えました。結果、谷口先生が戻ってくるまで自分がやりますと言って、引き受けました。

あの時期があったから、このチームのスタッフは、本当にみんなが真剣に取り組めたのだと思っています。谷口先生がチームを見られない状況の中、とにかくやれることをやろうと西田コーチと話しながら、監督を始めました。

*Rooting football culture
in the town of Nagaoka

二人三脚に加わって歩む道のり

数年が経って、谷口先生が学校から再び信頼を得られるようになったときに、私は「監督に戻ってください」と言いましたが、固辞されました。谷口先生は「チーム、スタッフを守るのが自分の役割で、責任を取れる立場にいないといけないから総監督という肩書きになるけど、監督はお前でいい。メディア対応もお前に任せる」と言われました。

それで私が監督を続けているのですが、谷口先生がこのチームを一番上で束ねる存在だということは、選手もよく分かっていると思います。総監督と言うと、現場から離れて試合のときだけ来る存在のように感じるかもしれませんが、谷口先生は毎日グラウンドにいるからです。

今は、役割としては、現場の技術指導は西田コーチ、試合の戦術は谷口先生がいるので、私は、そのほかの部分の選手指導を任されていると思っていますし、そこで自分の色を出そうと頑張っています。谷口先生が長岡に来たときには、日本一になるぞと言っていたけれども、当時の高校生だった私たちには足りないものが多かったです。

しかし、西田コーチが来て、私たちOBが戻ってきて、少しずつ力が集まってきたように感じます。最初に話したとおり、長岡の街のサッカーシーンは、大きく変わりました。ここをサッカーの街にしたいという、谷口先生の思いによるものだと思います。特に、総監督になってから、谷口先生は「選手がここに留まる魅力を作らないといけない」という話をしています。これからも、この街にサッカー文化が根付いていくように、私も頑張っていきたいと思っています。

また、その中で、高校生の時に宣言したように、谷口先生を超えていく準備をしなければいけません。先々を見越してスタッフを増やしたり、環境を整備したりする谷口先生を見習いながらも、監督として現場で時代の流れに応じたサッカーをやっていきたいと思います。また、どれだけボールを動かして、技術的に高度なプレーができるチームになったとしても、帝京長岡らしさの根本は、戦うこと、決しておごるなという点はOBとして必ず子どもたちに伝えていきたいと思っています。

ボールを大事に 心美しく勝つ 帝京長岡スタイル

CHAPTER

10

帝京長岡の伝統継承

古沢徹

帝京長岡高校サッカー部監督

あとがき

人に恵まれる才能

本書を通じて、本校サッカー部や私が今までに取り組んできたこと、これから目指していくものをお伝えしてきました。思い出すと、恥ずかしい失敗も多くありますが、そのたびに周りの方々に助けられて、支えられて進んできました。特に、サッカーばかりに熱を入れて、家庭を顧みないだけでなく、心配までかけてしまったのに身近で支えてくれた家族には本当に感謝しています。子どもは男三兄弟なのですが、三男が大学に入って実家を出たので、奥さんには「絶対にやらない!」と言っていた寮母をやってもらうことにもなりました。家族の応援なしには成立しない仕事をしているとつくづく感じます。家族に留まらず、私が監督あるいは総監督という立場にいるチームが、苦戦はしながらも全国大会のベスト8やベスト4に進めるチームになってきたのは、選手の頑張りと、皆さんの協力のおかげにほかなりません。

長岡に来たばかりの頃、厳しい練習を押し付けてばかりで選手が辞めてしまい、部員が3人しかいなくなったときには、私の幼馴染が助けに来てくれました。GKコーチが必要だと思い、幼稚園から中学校までの同級生でGKをやっていた松野智樹に助けてほしいと声をかけましたが、彼は長岡に移り住み、現在は帝京長岡の女子チームの監督をやってくれています。西田が来てくれたことも、帝京長岡で教えた監督の古沢らOBが戻って来てくれたこともそうですが、本当に人に救ってもらってばかりです。学校と対立した時期、私の息子が、学校を辞めることになってしまったときも、石川県の遊学館高校で指導していた吉川幹大監督(当時)が毎週のように来てくれて、子どもの様子を見てくれて助けてくれました。今ではOBスタッフと151人の選手に恵まれていると感じています。

最近も寮を作ったり、学校の近くに食堂を作ったりと動いているのですが、多くの人に助けてもらっています。お金が動くときには、人の顔が札束に見えるような人が出てくると言いますし、私を騙して儲けようという人たちがいてもおかしくないのですが、そういう人たちは離れて行ってくれるのか、私の周りにいるのは、本当に良い人ばかりです。自分で何かをするという才能はありませんが、才能がないからこそ、自分にはない特長を持った人たちの協力を得て、任せるべきところは任せるという考えを持っています。強いて言えば、私には「人に恵まれる」才能はあるのかもしれません。唯一の取り得ですから、大事にしなければいけません。

今後、チームをさらに強化していくには、多くの方の理解や協力が必要になります。場合によっては、OBや保護者を通じてお願いをしていくということもあると思います。ただ、こちらからお願いをして協力していただくばかりでは、長期間での強化や協力関係にはつながりません。私たちは、近所のゴミ拾いや、雪かきの手伝いなどもしていますが、そうして地域の人に存在を知ってもらう中で、少しでも多く勝ち上がっていくことで、サッカーに真摯に打ち込む姿が人の心を打ち、協力しようかと言ってくださる方が増えていく。ご近所の方々に、このチーム、応援したいなと思ってもらえるようにならない限りは、本物ではないと思っています。

弱かった時代の努力や、周囲の協力が積み重ねとなって今があると思いますし、今、必要な協力を求めていくというよりは、継続的な努力を今後もしていくことが大事ではないかと考えています。「アスレティック・ビルバオのように」の項で触れましたが、将来的に、長岡や新潟県と縁を持った選手がトップチームで頑張る姿を見せることで、人の心を打つようなことができたのであれば、その選手が引退をして会社で働こうとしたときに、チームを応援してくれる会社が興味を持ってくれたり、選手がその会社に何かを還元できるような形になっていくと良いなと思っているところもあります。そういう意味でも、サッカーのJリーグ、フットサルのFリーグの両方で活躍できる選手を出していきたいと思っています。

私は生まれも育ちも新潟県ではありませんが、長岡に来てからの時間の方が長くなりました。長岡、新潟に誇りを持ってくれる選手に育ってほしいと思っていますし、彼らが長岡や新潟の人にとっての誇りになってくれたら嬉しいと思います。

帝京長岡高校サッカー部総監督
谷口哲朗
たにぐち・てつろう

1973年生まれ。大阪府出身。中学までは大阪で過ごし、高校はサッカーの名門・帝京高校（東京）へ進学し、第70回全国高校サッカー選手権大会の優勝を経験。大阪体育大学へ進学し、卒業後22歳から帝京長岡高等学校に赴任、サッカー部のコーチとして指導者のキャリアをスタート。2000年に監督就任、同年第79回全国高校サッカー選手権大会に初出場。2001年には中学年代からの一貫指導を目的とした、「長岡 JYFC」を高校の同期・西田勝彦氏と共に立ち上げる。2016年からは総監督に就任。これまでに全国高校選手権9回、インターハイ5回出場。2019年度第98回全国高校サッカー選手権大会では新潟県勢として史上初の4強に導き、昨年度の全国選手権大会でも2年連続のベスト4に輝くなど、コンビネーションと個人技のバランスが取れた美しいサッカーで高校サッカーファンを魅了している。酒井宣福（サガン鳥栖）、小塚和季（川崎フロンターレ）、柳雄太郎（Y.S.C.C. 横浜）、谷内田哲平（栃木SC）、晴山岬（町田ゼルビア）、吉田晴稀（愛媛FC）といったJリーガーだけでなく、Fリーグにも数多くのプロ選手を輩出している。また2022年シーズンから松村晟怜が湘南ベルマーレへ加入することが内定している。

ボールを大事に
心美しく勝つ
帝京長岡スタイル

2021年12月27日初版第一刷発行

著　者：谷口哲朗
発行人：後藤明信
発行所：株式会社 竹書房
〒102-0075
東京都千代田区三番町八番地一
三番町東急ビル六階
E-mail info@takeshobo.co.jp
URL http://www.takeshobo.co.jp
印刷所：共同印刷株式会社